HISTOIRE

DE LA

COMMUNE DE FERRIÈRES

HISTOIRE

DE LA

COMMUNE DE FERRIÈRES

Arrondissement de Montpellier

CANTON DÈ CLARET

Département de l'Hérault

PAR

ANGÉLY PÉZIÈRES

Instituteur public à Ferrières

———

O mon pays, sois mes amours.
Toujours !

———

MONTPELLIER

Chez tous les libraires

NIMES

Imprimerie Régionale, J. Michel-Artaud, directeur,

2, rue Bernard Aton, 2

1896

A la Mémoire

des Anciens Habitants de Ferrières

Je dédie ces pages

AVANT-PROPOS

Que les premiers mots écrits sur la couverture de cette brochure, HISTOIRE DE FERRIÈRES, ne trompent personne. En racontant ou plutôt en résumant d'après quelques registres et vieux parchemins de cette commune les événements qui s'y sont déroulés, je n'ai visé à aucune prétention, encore moins au style et à la forme. J'ai été seulement inspiré par l'intérêt que je porte aux choses du passé et la curiosité de m'enquérir, autant pour ma satisfaction personnelle que pour celle d'autrui — je l'avoue — de l'histoire des lieux que j'ai si souvent parcourus pendant mes longues promenades.

Mais mon but sera complètement atteint et les peines et la patience que j'ai eues pour lire les vieux textes seront doublement compensées, si ces modestes pages, qui reflètent le calme de l'existence des anciens habitants de cette tranquille commune, inspirent à ceux qui les liront le souvenir de ceux qui les ont précédés et font monter de leur cœur à leurs lèvres ce cri d'un des premiers écrivains de notre siècle, que nous avons placé, comme épigraphe, en tête de ce livre :

O mon pays, sois mes amours,
Toujours !

Tel est mon désir le plus cher et ce faisant mon vœu sera rempli, j'aurai reçu ma récompense.

Nous sommes heureux d'offrir ici nos remerciments et nos hommages à M. Joseph Berthelé, ancien élève de l'Ecole nationale des chartes, archiviste du département de l'Hérault, qui a bien voulu nous aider de ses conseils pour le plan de cet ouvrage et mettre à notre disposition, avec une obligeance parfaite, sa science de paléographe.

Angély PÉZIÈRES.

Ferrières, 1894-1895.

HISTOIRE
DE
LA COMMUNE DE FERRIÈRES

—~~~✠~~~—

CHAPITRE PREMIER

Géographie Topographique

> « Ce sont là les séjours, les sites, les rivages,
> Dont mon âme attendrie évoque les images,
> Et dont pendant les nuits mes songes les plus beaux
> Pour enchanter mes yeux composent leurs tableaux »

SOMMAIRE. — I. Situation de la Commune. — II. Point de vue pittoresque. — III. Situation astronomique. - IV Altitudes diverses. — V. Limites.— VI. Ruisseaux.— VII. Routes. — VIII. Produits et industrie. — IX. Caractère des habitants. — X. Superficie et revenu. — XI. Principaux propriétaires. — XII. — Distances. — XIII. Ecarts. — XIV. Monuments mégalithiques. — XV. Nature des terrains. — XVI. Statistiques. — XVII. Tènements.

I. **Situation de la Commune.** — Le village de Ferrières, ou plutôt Saint-Jean-Baptiste de Ferrières, du canton de Claret, est situé au nord du département de l'Hérault, à quatre cents mètres environ des limites du Gard et à l'extrémité nord-ouest du plateau du Causse (1).

II. **Point de vue pittoresque** — Cette commune, grâce à son altitude, élevée de plus de 300

(1) *Causse* en patois veut dire plateau calcaire.

mètres au-dessus du niveau de la mer, jouit d'un des plus beaux panoramas de notre région. A l'ouest se déroule dans toute sa sévère et grandiose beauté une des parties les plus pittoresques de la longue chaîne des Cévennes. Du village même de Ferrières, la vue embrasse le mont Aigoual (1567ᵐ), avec son observatoire météorologique (1), les montagnes de l'Espérou, le pic d'Anjeau (865ᵐ) et la montagne de la Sérane (943ᵐ) au flanc de laquelle apparaît, comme un point blanc, le sanctuaire de N.-D. du Suc, célèbre par ses pèlerinages. Du côté du sud, l'horizon est limité par le pic de Saint-Loup (633ᵐ) et le mont Ortus (512ᵐ), qui entourent en se développant le plateau du Causse d'une ceinture de rochers, et forment en certains endroits un rempart infranchissable. A l'est, le regard s'étend, par une étroite échappée de vue, jusqu'au mont Ventoux, aux Alpes de Provence et du Dauphiné.

Tel est le magnifique tableau qui mériterait d'être tracé par une plume plus exercée que la nôtre.

III. Situation astronomique. — Ferrières est situé à 43° 52' 35" de latitude nord et à 1° 27' 35" de longitude orientale.

IV. Altitudes diverses. — Ferrières, 310ᵐ; les Jasses, 240ᵐ; Baumes, 309ᵐ; le haut de la montée

(1) Tout le monde sait que la *météorologie* est une branche nouvelle de la physique : elle étudie les variations atmosphériques, prévoit les orages et les ouragans, en détermine à l'avance le trajet.

de la draye de Cabal mort, dans le bois de M.
Cabane, 307ᵐ ; les ruines de Pousancres, 300ᵐ ;
hauteur de Frégères, au sud des Jasses, 243ᵐ ; le
haut de la côte de la rampe de Vallongue, 328ᵐ ;
hauteur du plateau du Causse, au sud-ouest de
Baumes, 318ᵐ ; le mamelon au sud de la bergerie de
Fournels, 302 mètres (1).

V. Limites — La commune est bornée, au nord,
par les communes de Pompignan (Gard), et de
Montoulieu ; à l'est, par celle de Claret ; au sud,
par celles de N.-D. de Londres et Rouet ; à l'ouest,
par celles de Brissac et Saint-Bauzille-de-Putois.

VI. Ruisseaux. — Le ruisseau de *Gournié* prend
sa source au sud du village, dans une gorge pro-
fonde, entre les marges d'une riche verdure, qui
forme un site ravissant. Ses eaux tombent en cas-
cade d'une hauteur de 10 mètres et s'épanchent en
murmurant dans un bassin naturel ombragé par
deux platanes magnifiques.

Un moulin en ruines, dont la roue tournait encore
au commencement du siècle, donne une note roman-
tique à cette solitude sauvage, mais charmante à la
fois, rendez-vous des chasseurs et des touristes
pendant la belle saison.

Ce ruisseau coule, dans la première partie de
son cours, de l'est à l'ouest, il rentre ensuite dans

(1) D'après la carte du Ministère de l'Intérieur.

la commune de N.-D de Londres et coule dans la direction du nord au sud ; il prend alors le nom de *Tourguilles* et va se jeter, après un parcours de 13 kilomètres environ, dans la rivière de Lamalou, l'un des plus pittoresques affluents de l'Hérault.

Ses affluents sont : au nord, les ruisseaux de las Canaux, de Vallongue, des Balladasses et des Plans ; au sud, les ruisseaux des Vialadasses et de Combe Quintanel.

VII. Routes. -- La commune de Ferrières est traversée par le chemin d'intérêt commun n° 3 ; elle communique avec Saint Bauzille-de-Putois par le chemin V. O. n°4 et avec Claret, son chef-lieu de canton, par le chemin V. O. n° 3. Cette dernière route est encore inachevée, mais il y a tout lieu d'espérer qu'elle sera complètement ouverte dans un avenir prochain.

La commune possède encore un ancien chemin, aujourd'hui abandonné, dit chemin de Ferrières à Londres, qui passe devant la fontaine de Viala et à 300 mètres environ à l'est des Jasses. De Ferrières, ce vieux chemin se prolonge sur Pompignan par les Gardies.

VIII. Produits et Industrie. — Le territoire de Ferrières produit du vin provenant des cépages greffés sur américains et des céréales : blé, avoine, seigle, orge, maïs, etc. ; mais son principal produit consiste en troupeaux de bêtes à laine et en taillis

de chênes blancs et de chênes verts qu'on coupe'
tous les douze ou treize ans et que parfument l'as-
pic, la lavande, la sauge, le serpolet, le romarin. On
y élève aussi des vers à soie, mais sur une petite
échelle par suite du dépérissement des mûriers.
L'olivier y est également cultivé. Quant à l'industrie, représentée autrefois par des verreries impor-
tantes, elle y est nulle.

IX. Caractère des habitants. — Les habitants
sont probes, laborieux et économes. Tous sont
charitables envers les malheureux.

X. Superficie et revenu. — La superficie ca-
dastrale et le revenu imposable sont repartis comme
il suit :

	Contenance.	Revenu Imposable
Propriétés non bâties......	1.723 h. 11 a. 70 c.	5.372 fr. 04 c.
Propriétés bâties.........	1 h. 36 a. 74 c	79 fr 00
	1.724 h. 48 a. 41 c.	5.451 fr. 04 c.

DÉTAIL DES OBJETS NON IMPOSABLES :

Eglise et cimetière... 2 a.10c.		
Chem. et plac. publ. 9 h. 85 a. 55 c.	17, 14, 45.	
Rivières et ruisseaux 7 h. 26 a. 80 c.		
Total général....	1.741 h. 62 a 89 c.	5.451 fr. 04 c.

XI. Principaux propriétaires. — Le territoire
est reparti entre 21 propriétaires, dont 16 sont
des forains. Les principaux contribuables sont :

M. Louis Goullyon, des Jasses, dont le revenu
imposable est de 1.355 fr. 69 ;

M. Ricome, de Baumes, dont le revenu imposable est de 975 fr. 15 ;

M. Stœssel, de Ferrières, dont le revenu imposable est de 765 fr. 24 ;

M. Charles Cabane, de Ferrières, dont le rev... imposable est de 705 fr. 15.

XII. Distances. — Ferrières est situé à 40 kilomètres environ de Montpellier ; à 12 de Claret ; à 8 de N.-D. de Londres et de Saint Bauzille-de-Putois et à 6 de Pompignan (Gard).

XIII. Ecarts. - Les deux campagnes écartées de la commune sont Baumes et les Jasses, situées à 2 kilomètres et demi du village.

XIV. Monuments mégalithiques. — On rencontre sur le territoire de la commune plusieurs monuments *mégalithiques* (tombeaux), dont le plus important est celui du *Soulayrol*, près Ferrières, dans lequel nous avons trouvé des ossements humains et des débris de poteries grossièrement décorés.

XV. Nature des terrains. — Partie nord-ouest : *Horizon Coraligène à terebratula Repellini* ; partie nord-est et sud-est : *Néocomien* Le chemin d'intérêt commun sépare ces deux natures de terrains (1).

_____

(1) D'après la carte géologique du département de l'Hérault, par Paul de Rouville

XVI. Statistiques. — Parmi les 9 communes du canton de Claret, celle de Ferrières occupe le 3ᵉ rang quant à l'étendue, le 6ᵉ pour le revenu et le 9ᵉ pour la population.

Sur les 338 communes du département de l'Hérault, elle occupe le 136ᵉ rang pour la superficie, le 270ᵉ rang pour le revenu et le 338ᵉ pour la population [1].

XVII. Ténements. — *Sect. A. de Pousancres et de Cazal Séquier*. -- La Crouzette, bois de Matibet, Gros Countaou, les Pousancres, bois de Lamouroux, bois des Claparèdes, indivis du Patus, la terre du Champ du Bois, les Mates, indivis du Plan, Champ des Combes, indivis des Combes.

Section B. du village. -- Village de Ferrières, Couloubrines, les Rives, la Combe, les Payssières, les Pignastres, les Bouyssières, le Cros des vignes, l'Ayrette, le claux de Sauteyra, Crouzet, le Serre, Mas de Rouvière, Campredon, Champ des mûriers, Soulayrol, Champ des poiriers, Lacan, la Roubeyrette, les Boulidous, Fédériou, Soulayrol, Vallongue (vallée longue), la Roumanissière, bois de la Comète, Mas du Patron, Champ de Ferrières, les Jasses, la grande Vignasse, plan de Gournié, les Pauses.

---

[1] Situation financière des communes du département de l'Hérault en 1894.

Sect. C. de Baumes. -- Baumes, bois des Mate-
lettes, terre de Bouysset, Plat Fournel, le Saut du
Loup, Combe des Jasses et Cournayret, Gournié,
le Causset, le bois de Baumes.

CHAPITRE II

Annales Historiques

« Entre le seigneur et le vilain, disait la
coutume féodale, il n'y a de juge que Dieu. »

SOMMAIRE. — I. L'Evêque de Montpellier, seigneur
suzerain de Ferrières. — II. Premiers seigneurs de Ferrières — III La maison de Guillaume de Montpellier. —
IV. Famille de Vézenobre. — V. Hommages des habitants de
Ferrières. — VI. Vente de la seigneurie de Ferrières. —
VII. Armoiries et origine des Roquefeuil. — VIII. Chronologie des marquis de Roquefeuil, seigneurs de Ferrières. —
IX. Privilèges des nobles et les droits seigneuriaux au XVIIIe
siècle.

**I. L'Evêque de Montpellier, seigneur suze-
rain de Ferrières.** — La seigneurie de Ferrières était située dans la viguerie de Sauve, diocèse
de Nîmes -- au XVIIIe siècle dans celui d'Alais --
sénéchaussée de Montpellier ; elle relevait de l'évêque de Montpellier.

Dans son sommaire historique sur les anciennes
archives ecclésiastiques du diocèse de Montpellier,
jadis de Maguelone, Eugène Thomas nous donne
les renseignements suivants (1) :

« A son titre d'évêque, le titulaire ajoutait celui
de comte de Melgueil (Mauguio) et de Montferrand,

(1) Annuaire de l'Hérault, année 1853.

marquis de la Marquerose, dans le même diocèse, etc... Ce fut le pape Innocent III qui, en 1205, donna en inféodation à l'évêque de Maguelone le comté de Melgueil et de Montferrand, lequel avait été transféré à l'Eglise de Rome par Pierre, comte de Melgueil. Quant à la seigneurie de Sauve, de Durfort, de Marquerose, de Brissac, il serait difficile d'en montrer la source au-delà de la première moitié du XIVe siècle. Nous ne parlerons pas du fief plus ancien de Montpelliéret cédé par l'évêque Béranger de Frédol au roi Philippe-le-Bel. On estimait les revenus de l'évêché de Montpellier à 32.000 livres. »

II. Premiers seigneurs de Ferrières. — Les premiers seigneurs connus de Ferrières sont sortis de la maison des Guillaumes de Montpellier ; il y a plusieurs actes qui prouvent ce que nous avançons, le premier de 1286, passé par Raymond de Montpellier, seigneur de Ferrières, le second de 1312, que nous citons ci-dessous et le troisième de 1342, passé par Raymond Guillaume, qui était viguier de Sauve et seigneur de Ferrières.

1312 et le 2 juin. « Le vendredi après la fête de saint Guillaume, le seigneur *Guillaume Raymond*, viguier de Sauve, fut requis par Jean, évêque de Maguelone et seigneur de Sauve, de reconnaître et de faire reconnaître les choses qu'il tient dudit évêque et église de Maguelone dans la baylie de Sauve.... (*il présente sa reconnaissance écrite sur papier*). Guillaume Raymond, viguier de Sauve, chevalier, reconnaît tenir le château de Ferrières avec ses appartenances et la juridiction haute et basse ; il reconnaît qu'il doit prêter hommage de fidélité audit seigneur-évêque quand il sera requis par ledit évêque ou par ses gens (1)... »

III. La maison de Guillaume de Montpellier.

— Nous croyons intéressant de tracer ici en abrégé ce que l'histoire de Montpellier (2) rapporte en grand détail au sujet de la maison des Guillaume.

Guillaume, fils de Mathilde, duchesse de Bourgogne, épousa en premières noces Eudoxe, fille de Comnène, empereur d'Orient. Cette princesse ayant été recherchée peu de temps avant par Alphonse, roi d'Aragon, allait le rejoindre pour accomplir son mariage, lorsqu'étant arrivée à Montpellier, elle apprit que le roi d'Aragon s'était marié avec une autre ; et ce roi pour s'excuser allégua qu'elle avait trop tardé à venir.

Guillaume de Montpellier reçut cette princesse dans son palais et eut pour elle tous les égards qui étaient dus à son rang.

Guillaume n'étant pas encore marié rechercha cette princesse et l'obtint : Marie fut le fruit de ce mariage ; et lorsqu'elle fut parvenue à l'âge de douze ans, elle fut mariée avec Barrail, comte de

(1) Cartulaire de Maguelone.
(2) D'Aigrefeuille.

Marseille, de la maison de Rosselin. Ce comte mourut quelque temps après ce mariage sans laisser d'enfant.

Marie, veuve de Barrail, fut remariée avec le comte de Commenges ; ce comte avait deux femmes encore vivantes et tour à tour répudiées sous prétexte de parenté au 4ᵉ degré. Les répudiations étaient à la mode dans ce temps-là parmi les grands seigneurs. Le comte de Toulouse avait huit femmes successivement répudiées.

A la suite de la conclusion de ce mariage avec le comte de Commenges, il y eut une renonciation expresse signée par les deux conjoints et garantie par les seigneurs qui assistèrent à ce mariage, à la clause insérée dans le contrat de mariage d'Eudoxe avec Guillaume : *Que el hijo ou hija que primerio naciesse deste matrimonio heredasse de Montpeller*.

Guillaume, mari d'Eudoxe, n'ayant eu qu'une fille de son mariage, désirait un enfant mâle qui perpétuât son nom ; il répudia Eudoxe et se maria avec Agnès, proche parente de la reine d'Aragon. Le roi Alphonse lui donna pour dot quelques biens qu'il possédait en Languedoc et une albergue au lieu du Vernet.

Le mariage de Guillaume avec Agnès fut bénit par l'évêque de Maguelone.

Guillaume eut huit enfants d'Agnès d'Aragon : Guillaume, qui seul naquit du vivant d'Eudoxe et mourut en Espagne sans être marié ; Thomas, dit Tortose, qui fut archevêque de Tarragonne ; Raymond, qui se maria en France ; Bernard qui se maria en Espagne où il forma la grande maison des ducs d'Entença ; Guidon, Bourgondion, Agnès qui fut mariée avec le comte de Béziers et Audelays, qui ne fut point mariée.

Guillaume mourut en 1202 ; son testament est rapporté par Gariel.

Marie, après la mort de son père, fut répudiée par le comte de Commenges, après en avoir eu deux filles ; elle épousa alors le roi d'Aragon, qui avait deux fois trompé sa mère ; elle fit casser par la cour de Rome le mariage de son père et annuler son testament et s'empara de la riche succession de Guillaume, dont les biens étaient immenses. Les enfants d'Agnès furent les tristes victimes de ces deux jugements du pape.

La haine de Marie pour ses frères fut si forte que pour les priver entièrement de la succession de leur père commun, si son fils Jacques d'Aragon mourait sans enfants, elle lui substitua les deux filles qu'elle avait eues du comte de Commenges ; si celles-ci mouraient sans enfants, elle lui substituait la maison de *Roquefeuil*. Son testament est rapporté par Gariel.

Il y a un trait dans l'histoire de Montpellier qui trouve ici sa place. Le roi d'Aragon n'eut pas plutôt épousé Marie qu'il se dégoûta d'elle ; il voulait même la répudier. MM. les consuls de la ville de Montpellier souhaitaient avec ardeur que Marie leur donnât un prince qui lui succédât. Par un stra-

gème qui leur réussit très bien, ils substituèrent Marie
à une jeune veuve dont le roi s'était rendu amou-
reux, et il passa la nuit avec sa femme croyant d'êt.e
couché avec sa maîtresse. L'histoire ajoute que les
consuls passèrent la nuit en prières dans Notre-
Dame des Tables, tenant chacun un cierge allumé.
MM. les consuls ne firent pas là quelque chose de
bien édifiant ; mais ils furent exaucés ; le fruit de
cette union fut un enfant, Jacques d'Aragon, qui fit
passer leur seigneurie dans une maison étrangère.

Raymond, l'un des fils d'Agnès, ainsi que nous
l'avons déjà dit, se maria en France et eut plusieurs
enfants qui prirent, suivant la légende, le nom des
terres que leur père leur donna, telles que la Ro-
que-Aynier, Saint-Baudille-de-Putois, la Cadière,
Saint-Hippolyte, Saint-Just, Assas et d'autres.

En 1445 et le 7 janvier, Catherine Raymond, fille
et héritière de feu noble Hugues Raymond, viguier
de Sauve et seigneur de Ferrières, a losé une vente
faite par Bernat Noualhac à Jean Garonne de la
dite paroisse. Acte reçu par Mᵉ Jean Masson, notaire (1).

La seigneurie de Ferrières, comme le prouve le
titre que nous venons de citer, fut possédée par les
descendants d'Agnès jusque vers la fin du XVᵉ siè·
cle.

_____

(1) Acte sur parchemin au pouvoir de M. Viala, de Ferrières.

IV. Famille de Vézenobres. — Après Catherine Raymond, la seigneurie de Ferrières est possédée par la famille de Vézenobres ; mais nous n'avons pu trouver comment avait eu lieu cette substitution.

En 1480, noble Jean de Vézenobres, viguier de Sauve, est seigneur de Ferrières.

1506 et le 27 janvier. Reconnaissance consentie par André Garonne et Jean Granier à « Jean de Vézenobres, viguier de Sauve et co-seigneur du lieu et juridiction et mandement dudit Ferrières. »

1544. Noble Antoine de Vézenobres et Jeanne Alberte mariés, seigneurs de Ferrières vendent à Guillaume et Barthélemy Granier, cousins, parties des *mas Deleuze et Cornayret* contre seize quartes avoine et 2 sols, six deniers censuels et annuels et le prix de quatorze écus d'or un sol. -- Acte reçu par Mᵉ Aurias de Sostella, notaire de Sauve (1).

V. Hommage des habitants de Ferrières. — En 1610, noble Louis Duranc, juge de la ville de Sauve, est seigneur de Cabrières et Ferrières.

Il y a un hommage rendu par les habitants de Ferrières à ce seigneur que nous allons transcrire mot à mot (2).

« L'an mil six cens quarante-huit et le onziesme jour du mois de juin, avant midy, reignant très cher

---

(1) Archives de la mairie.
(2) Archives de la mairie.

prince Louis, par la grâce de Dieu roy de France
et de Navarre, sachent tous présents et advenir,
que personnellement stablis *Raimond Granier,
Claude Granier, Anthoine Viala, Pierre Reboul* et
Jean Boussugar, faizans la plus grande partie des
habitants du lieu et paroisse de Ferrières, diocèze
de Nismes, lesquelz de leurs grés. tant en leurs
noms que pour et au nom de tous les habitants et
contribuables dudit lieu, pour et les leurs à l'advenir,
ont dict et confessé et recogneu et par la teneur du
présan acte confessent et recognoissent à noble
Louis Duranc, sieur de Cabrières, juge de la ville
et baronnie de Sauve, comme père et légitime ad-
ministrateur de noble Hercule Duranc de Vézenobres, son fils et dam^llo Gillette de Valoscure, seigneur dudit Ferrières (1), avec toute jurisdiction
haute, majeure et basse, mère, mixte, impère, ledit

(1) Le nom de Louis Durranc, seigneur de Cabrières, époux
de Gilette de Valobscure, mariés le 28 octobre 1630, est cité
dans la généalogie de la famille Durranc ou du Ranc de
Vibrac (V. *Armorial de Languedoc* par M. L. de la Roque,
t. 1. p. 190). Le château de Vibrac est mentionné dans le
Journal des visites épiscopales de l'Evêque de Nimes, de 1674
à 1677, à l'occasion du passage de l'évêque, où il est dit :
« 20 juillet 1675, visité Saint-Martin de Vibrac, prieuré-cure
d'environ 2co écus de rente. L'église est une petite chapelle
assez propre, au milieu d'un champ qui n'est guère éloigné du
château et à l'entrée de laquelle était autrefois un colombier
qui sert présentement de clocher. Les catholiques y sont en
très petit nombre. Ce bénéfice est de la collation de l'évêque
de Nimes, » (situé entre Saint-Bauzile de Tornac et Durfort).

(*Histoire de Nimes*, t. v. preuves p. 10).

seigneur de Cabrières icy présent et acceptant et à
cause de ladite jurisdiction, sçavoir et de luy estre
et demeurer toute leur vie vrais et fidelles vassalz
et subjetz et à ces fins luy en om faict hommage se
tenantz debout teste découverte devant ledit sieur
de Cabrières auquel ils om promis et juré toute
fidellité et subjection par le seremam qu'ils om
presté la main mize sur les saints Esvangiles, et
promis garder et observer tous et chacungs les arti-
cles de fidellité et aussi contenir l'hommage randu
par leurs prédécesseurs aux prédécesseurs dudit
seigneur de Ferrières le vingt uniesme mars mil
trois cens quarante-sept, acte reçu par Me Jean
Corneiret, notaire et aux autres et après ont confessé et recogneu en outre tenir dudit seigneur de
Ferrières soubs sa directe seigneurie, lods, conseil,
prellation, comis et advantage, scavoir : tous et
chacungs leurs biens situés dans la dite jurisdiction, paroisse et taillable dudit lieu, sous les censives accoustumées et recognoissances particulières
sauf et rézervé le droict d'authruy et tout autreman
comme est contenu et plus ampleman expeccisfié
ausd. homages, et pour l'observation de tout ce
dessus ont obligé ippothéqué tous les biens de
ladite communauté qu'om soubmis à touttes cours
à ce requizes et nécessaires et ainsin l'om promis
et juré en la forme susdite et renoncé à tout droict
à ce contrère, de quoy om requis acte à moy nre.
Fait et récité dans ledit lieu de Ferrières et place
publique en présence de Messire Jean Maurisse

prêtre et prieur dudit lieu et Messire Pierre Fabre
et Jacques Declaris, fils de moy notaire, signés avec
ledit sieur de Cabrières et Claude Granier, les
autres habitants sus nommés om dict ne sçavoir
escripre et Hercule Granier, fils du dit Raymond
et Pierre Paulet, clerc, demeurant audit Ferrières,
aussi signés et moy Jacques Declaris, notaire royal
de Sauve, soubsigné. Duranc, C. Granier, A. Granier, J. Maurisse, prieur ; Declaris, Paulet, Fabre
présents. Declaris, notaire royal, signé à l'origi-
nal. »

VI. Vente de la seigneurie de Ferrières. —

1693 et le 3 juin. Acquisition de la terre et seigneurie de Ferrières par M^ro Henry de Roquefeuil,
marquis de Londres, contre M^res Hercule et Jean
Duranc de Vézenobres, père et fils (1) :

« L'an mil six cent quatre vingt-treize et le troi-
siesme jour du mois de Juin, après midy, régnant
notre souverain, prince Loüis, par la grâce de Dieu
roi de France et de Navarre, par devant nous,
notaire royal et témoins bas nommés, ont été en
leurs personnes messires *Hercule Duranc de Vézenobres*, seigneur de Ferrières, Valgran et Saint-
Jean de Roques, co-seigneur de la ville de Sauve
et Croix haute, et messire Jean Duranc de Vézenobres, seigneur de Valfon, père et fils, habitants de
la ville de Sauve, lesquels de leur gré touts deux

(1) Archives de la mairie.

ensemble, solidairement l'un pour l'autre et un seul
pour le tout, sans division de debte, ni discution de
bien, à quoy ils ont renoncé par exprès, ont vendeu,
cédé et remis purement et à perpétuité, à messire
Henry de Rôquefeuil, marquis de Londres, seigneur
de Cournonsec, le Villar, Rouet, Lauret et autres
lieux, présents et acceptans, sçavoir : en l'entière
seigneurie de Saint-Jean de Ferrières, dans la viguerie de Sauve, diocèze de Nismes, sénéchaussée de
Montpellier, avec toute justice, haute, moyenne et
basse, mère, mixte, impère, comme ils l'ont jouye
ou deu jouir, en quoy que le tout consiste et puisse
consister ; plus luy vendent toutes les censives,
directes, droits de lods, conseil prélation, commis
avantage et autres droits et devoirs seigneuriaux
connus et inconnus, exprimés et non exprimés, sans
se rien réserver, qu'ils ont sur les ci-après nommés
et autres, premièrement sur *Antoine Viala*, fils et
feu Louis, deux cétiers, deux quartes avoine et deux
sols, six deniers, qu'ils leur servent suivant la reconnoissance par luy faite à feu noble Louis-Duranc,
seigneur de Cabrières, père dudit seigneur, le troi-
siesme juin mil six cent quarante-huit, devant feu
messire Jacques Declaris, notaire ; plus sur *Raymond et Claude Granier*, deux cétiers avoine qu'ils
leur servent suivant la reconnoissance par eux faite
audit feu sieur de Cabrières devant ledit Declaris,
notaire, le quatorziesme dudit mois ; plus sur *Louis
et Jean Alary*, père et fils, du mas de Puech-Auroux,
paroisse de Claret, huit sols qu'ils leur servent sui-

vant la tranjaction passée entre eux et ledit seigneur de Ferrières, devant M° Grefeuille, notaire, le sixième décembre mil six cent soixante-huit, qui contient réduction de la censive de six quartes avoine que ledit Louis Alary servoit suivant autre reconnoissance faite audit sieur de Cabrières devant ledit Declaris, notaire, le troisième juillet 1648 ; plus sur nobles *François et Isaac de La Roque*, sieurs de Colobrines, trois sols, huit deniers qu'ils leur servent suivant la tranjaction entre eux et ledit feu sieur de Cabrières passée devant ledit M° Declaris, notaire, le 11° janvier 1637 ; plus sur *Pierre Reboul*, une quarte avoine, demi boisseau froment, un sol trois deniers et la douzième partie d'une poule qu'il leur sert conformément à la reconnoissance par luy faite audit seigneur devant ledit M° Declaris, notaire, le 15 mai 1661 ; plus sur ledit *Antoine Viala*, deux cartes, un boisseau, un tiers de boisseau avoine et 7 sols six deniers qu'il leur sert suivant autre reconnoissance par luy faite audit seigneur de Ferrières, le 8 juin 1664, devant ledit M° Declaris, notaire, et autre acte du 20 juin 1666, reçu Coulet, notaire ; plus sur ledit noble *Isaac de La Roque* et *Claude Cabane*, deux boisseaux, deux tiers d'un boisseau avoine qu'ils leur servent suivant la reconnoissance qu'ils ont faite, le 20 juin 1666, devant ledit Coulet, notaire ; plus sur *Claude Granier*, fils de Raymond, 10 cartes avoine, une carte, deux quarts, un tiers de boisseau froment, une quarte, trois boisseaux, un tiers de boisseau seigle et douze

sols, sept deniers argent, à ce compris le tiers
d'une poule qu'ils leur servent suivant autre
reconnaissance par eux faite audit seigneur de
Ferrières, le 20 janvier 1666, devant ledit M° Coulet, notaire ; plus sur *Claude Cabane*, un boisseau
froment, un boisseau seigle, une carte, un boisseau
avoine, cinq deniers argent et treize deniers pour sa
portion d'une poule qu'il leur sert suivant la reconnoissance par luy faite, ledit jour, 21 janvier 1666,
devant ledit Coulet, notaire..... ; plus vendent
lesdits seigneurs de Ferrières six cartes, deux boisseaux et deux sols, six deniers et autres droits seigneuriaux que servent les tenanciers du *château du
Poux* pour certaines pièces situées dans la paroisse
et juridiction dudit Ferrières, jointes audit château
du Poux, lesdits usages deu auxdits seigneurs vendeurs en vertu des actes qu'ils bailleront dans le
mois audit seigneur acheteur.... ; et la présente
vente des susdites censives, directe, lods et autres
droits et devoirs seigneuriaux, ont fait lesdits seigneurs vendeurs audit seigneur acheteur pour être
moyennant le prix et somme de *2,268 livres*, que
ledit seigneur marquis a comptées en louis d'or et
argent et bonne monneye auxdits seigneurs vendeurs pour eux retirés au veu de moy notaire et
témoins. Il demeure convenu, entre les parties, qu'il
sera permis audit seigneur de Ferrières de pouvoir
porter pendant sa vie le nom de seigneur dudit
Ferrières.... ; prommettant iceux seigneurs vendeurs faire tenir quitte ledit seigneur, marquis de

Londres, des droits de lods deu au seigneur évêque
de Montpellier de qui ladite terre relève.... Acte
fait et récité dans le château de Londres, du seigneur marquis, en présence de messire Fulcrand
Desfour, conseiller du roy, receveur général des
gabelles en Languedoc et de messire Jean Devèze,
advocat de la ville de Sauve et de sieur Jean Jour-
dan, h^{ⁿᵗ} dudit Londres, signés avec les parties et
de moy Gervais Maumejan, notaire royal, du lieu
de Saint-Martin-de-Londres, requis soussigné.... »

VII. Armoiries et Origine des Roquefeuil. —
« Roquefeuil : De gueule écartelé par un filet d'or
à douze cordelières de même, trois dans chaque
cartier (1). »

« Roquefeuil est un château dans les Cévennes,
en Languedoc, dans la partie du diocèse de Nimes
qui formait autrefois le diocèse d'Alais ; il n'en
reste plus que des ruines dans la paroisse de Dour-
bies (2). »

**VIII. Chronologie des marquis de Roque-
feuil, seigneurs de Ferrières. —** 1693. Noble
Henry de Roquefeuil, marquis de Londres, seigneur
de Ferrières, Cournonsec, le Villar, Rouet, Lauret
et autres places.

(1) Louis de la Roque, Armorial de la noblesse de Languedoc.

(2) Louis de La Roque, Armorial de la noblesse de Languedoc.

1730. Noble Jean-Philippe de Roquefeuil, seigneur de Ferrières, marquis de Londres.

1736. Marie-Magdelaine de Roquefeuil, épouse de M. de Murs, châtelaine de Ferrières, seigneuresse de Londres.

1739. Noble François-Henri de Roquefeuil, marquis de Londres, baron et seigneur de Brissac, la Laquisse, Agonès, Ferrières et autres lieux.

1770. Marie-Henri-François, marquis de Roquefeuil, seigneur de Londres et Ferrières, décédé à Londres en 1837.

IX. Privilèges des nobles et les droits seigneuriaux au XVIIIᵉ siècle. — « Les privilèges des nobles sont nombreux. Ils ont l'exemption de la taille et de la plupart des impôts. Ils possèdent les droits seigneuriaux et les droits de justice.

» A la cour, eux seuls peuvent occuper les emplois de la maison militaire et civile du roi. Dans les provinces, on leur réserve les gouvernements. Dans l'armée, dans la marine, eux seuls, obtiennent les grades ; dans l'église, eux seuls sont nommés aux évêchés, aux abbayes.

» Le propriétaire d'une terre noble avait droit à des redevances sur les terres des paysans du voisinage, car, prétendait-il, toutes les terres avaient appartenu autrefois au seigneur. Il continuait à percevoir : des *rentes* en argent ou en nature ; des *droits de mutation* s'élevant parfois à 20 pour cent, chaque fois que la terre du paysan changeait de maître ; des *banalités*, c'est-à-dire l'obligation, moyennant une redevance, de se servir de son moulin, de son four et de son pressoir ; des droits sur les routes, les ponts, les foires. Il pouvait exiger des *corvées*.

» Il avait gardé la jouissance exclusive du *droit de chasse* (1) et du *droit de pêche*, les droits de *garenne* et de *colombier* : c'est-à-dire d'entretenir seul des lapins ou des pigeons (2). »

---

(1) Le droit de chasse était un des privilèges auquel le seigneur tenait le plus. — Un aïeul de la famille Teissèdre, de N -D. de Londres. fut mis au *carcan* pour avoir tiré à des perdreaux. — Le carcan était un collier de fer fixé à un poteau dans un lieu public, et avec lequel on attachait par le cou ceux qui étaient condamnés à ce genre de supplice. — A N.-D. de Londres, l'exposition avait lieu, d'après la tradition, à la porte du château.

(2) Alfred Rambaud, *Histoire de la civilisation française.*

CHAPITRE III

Communauté

« L'Etat, c'est nous. »

SOMMAIRE. — I. Origine et administration de la communauté. — II. Consuls. — III. Greffiers. — IV. Agents municipaux et maires, — V. Les anciens compoix. — VI. Tailles : années 1679, 1759, an X de la République. — VII. Collecteurs de tailles. — VIII. Capitation. — IX. Délibération de la communauté et ordonnance de l'intendant relatives aux chèvres — X. Population, — XI. Etymologie. — XII. Homonymes.

I. Origine et administration de la Communauté. — La commune de Ferrières doit être très ancienne bien qu'il ne soit pas possible de rien préciser à cet égard ; mais si nous tenons compte de certains actes qui sont passés sous nos yeux, nous sommes fondés à croire que son origine remonte à une époque reculée (1).

C'est le dimanche, à la sortie de la messe, que tous les chefs de famille se réunissaient pour délibérer sur les affaires du lieu. Il n'y avait point de *conseil municipal*, comme aujourd'hui, mais une *assemblée général:* de tous les chefs de famille. Elle

(1) Ce n'est qu'à la fin du xiᵉ siècle que commence à se produire le mouvement communal

élisait un *consul* pour l'administration, et un *collecteur* pour lever la taille. Elle contrôlait leur gestion.

II. Consuls.

1712. Jean Granier.

1717. Antoine Viala.

1721. Jean Reboul.

1723. Claude de Girard.

1745. Jean Granier.

1755. Jean Viala.

1766. Jean Reboul.

1768. Jean Cabane.

1781. Jean Reboul.

Le consul recevait huit livres de gages.

III. Greffiers.

1692. Jacques Bastide.

1709. Jean Prunet, notaire de St-Martin-de-Londres.

1758. Denis Vigié, de St-Martin-de-Londres.

1764. Antoine Peyridier, de Pompignan.

1767. Jacques Cabane, de Londres.

1788. François Dumas, de Pompignan.

Le greffier recevait vingt-cinq livres de gages.

IV. Agents municipaux et Maires.

1790. Jean-Jacques Viala, maire.

1793. Jean Reboul, agent municipal (1).

(1) La Convention avait concentré au chef-lieu de canton l'administration communale.

1797. Jean-Jacques Viala, agent municipal.
1799. Jean Dumas, de Claret,   »
1800. Jean Lacan, de Claret,   »
1801. Jean-Jacques Viala, maire.
1843. Antoine Cabane,   »
1848. Jean-Jacques Viala, fils. »
1871. Pierre Viala,   »
1881. Fulcrand Cabane,   »
1884. Pierre Viala,   »
1888. Louis Goullyon,   »
1892. Charles Cabane,   »

V. Les anciens compoix. — L'ancien compoix de 1657 fut dressé « par Claude Puech, de la ville d'Anduze, et Jean Soulier, du lieu de Durfort, prud'hommes assistés de Claude Granier, Baille, Raymond Granier, Anthoine Viala et le sieur de La Roque, accordés par les hans (habitants) du lieu de de Ferrières. » Ce compoix se monte à la somme de 88 livres, 10 sous, 7 deniers ; il porte en rubrique à la première page les noms suivants :

1. Messire Fulcrand de Roquefeuil, baron de Londres et autres places (pour son mas de Baumes).
2. Noble Isaac de La Roque, sieur de Coloubrines.
3. Claude Granier.
4. Raimond Granier.
5. Antoine Viala. .
6. Claude Cabane.
7. Pierre Reboul.
8. François Causse.

de Ferrières.

9. Les hans (habitants) de Ferrières (indivis).

10. Noble Gédéon du Cailla, seigneur d'Anglas.

11. Les hoirs du baron de Ganges (Mas de la Lauze).

12. Louis Allary, de Puechauroux.

13. Les hoirs du Poux.

14. Pierre Icard, du mas de Montels.

15. Messire Jean Vallat, prieur de Vallerogue (pour un devès appelé Pesse Megeyre.)

16. Jean Verdier, du mas Verdier.

17. Jean Bruguière, de Cazenove.

Il existait un ancien compoix de 1595, mais nous n'en avons trouvé que quelques feuilles.

VI. Tailles. — Le rôle des tailles au milieu du XVIIᵉ siècle était de............... 1740 livres.

En 1679........................ 1442 »

En 1759........................ 2976 »

En l'an X de la République...... 3137 »

Elles étaient réparties pour ces trois dernières années de la manière suivante :

Année 1679. — Messire Fulcrand de Roquefeuil, seigneur et baron de Londres..(1) 306 liv. 00 s. 02 d.

Noble Isaac de la Roque, seigneur de Coloubrines............ 59. 15. 10.

Noble François de la Roque, seigneur du Villaret (ou Vialaret).... 8. 00. 04.

(1) La livre égale 0,9876 du franc, les ou 0,0494 et le denier 0,0041. — La livre a été remplacée par le franc.

Pour la partie du domaine située dans la commune de Ferrières.

Claude Granier, baille	197.	00.	08.
Raymond Granier	299.	00.	02.
Antoine Viala	201.	16.	11.
Claude Cabane	19.	07.	11.
Raymond Reboul	17.	11.	11.
Noble Gédéon du Cayla	19.	06.	10.
Monsieur de Mirabel	24.	05.	11.
Louis Allary, de Puechauroux	16.	07.	10.
Les hoirs de M. du Poux	60.	07.	11.
Pierre Icard, de Montels	1.	04.	08.
Messire Jean Vallat, prieur de Vallerogue	6.	09.	03.
Jean Verdier, du mas Verdier	3.	15.	10.
Jean Bruguière, de Cazenove	1.	04.	05.

Année 1759. — M. de Roque-

feuil	792 liv.	08 s.	00 d.
M. de La Roque	55.	11.	00.
Le sieur du Villaret (La Roque)	19.	06.	10.
M. de Girard, successeur de Claude Granier	496.	01.	00.
Jean Granier	529.	14.	04.
Jean Viala	520.	03.	07.
Jean Reboul	166.	07.	02.
Jean Cabane	52.	16.	00.
M. d'Anglas	49.	15.	07.
Antoine Allary	42.	08.	01.
Mᵉ de Villevieille	62.	18.	01.
M. du Poux	156.	07.	07.

Pierre Icard.................. 2.   19. 10.

Maître Jean Vallat........... 16.   13. 07.

Jean Verdier.................. 9.   15. 10.

Monsieur Bruguière.......... 3.   02. 07.

An X.—Les citoyens Dumas et Girard, de Claret..................... 2 f. 13 c.

Le citoyen Roquefeuil.............354.   43.

Le citoyen La Roque, de Baumes...612.   70.

Le citoyen Villevieille, de Pompignan, 41.   99.

Le citoyen Girard, de Sauve........480.   45.

La citoyenne Adélaïde Girard, de Claret......................................472.   43.

Le citoyen La Roque, de Coloubrines. 45.   76.

Le citoyen Reboul, de Ferrières.....167.   78.

Le citoyen Cabane, de Ferrières..... 88.   46.

Le citoyen Broussonnet, du Poux....224.   95.

Le citoyen Viala, de Ferrières......522.   12.

Le citoyen La Roque, de St-Drézéry. 18.   20.

Le citoyen Clauzel, de Cazalcéquier.. 23.   62.

Le citoyen Crès, des Claparèdes..... 34.   20.

Le Presbytère.................. 2.   43.

Roq Girard, fermier.............. 18.   00.

Antoine Calmette, fermier.......... 20.   38.

Jean Cruveiller, fermier............ 3.   71.

Crès, fermier de Coloubrines........ 3.   71.

D'après les cotes de l'an X, il s'en suit que trois propriétaires fonciers seulement habitaient la commune à cette époque, savoir : *Viala, Cabane* et *Reboul.* Tous les autres anciens habitants, c'est-à-dire les deux familles de Girard, successeurs des Granier, les La Roque de Baumes et les La Roque de Coloubrines, avaient quitté Ferrières pour des séjours plus agréables. Depuis lors, ils ne sont plus revenus dans les maisons de leurs ancêtres, qui sont passées en d'autres mains, ainsi que nous le verrons dans un chapitre subséquent.

VII. Collecteurs des Tailles.

1682. Louis Viala, de Ferrières.
1690. Louis Viala,   »
1692. Louis Viala,   »
1693. Louis Viala,   »
1709. Antoine Viala et Jean Reboul.
1712. Antoine Viala, de Ferrières.
1717. Antoine Viala,   »
1722. Antoine Viala,   »
1753. Fulcrand Claparède, de Pompignan.

VIII. Capitation. — L'état de capitation, pour l'année 1701, réparti sur 9 chefs de famille, s'élève à la somme de 190 livres (1).

IX. Délibération de la communauté et ordonnance de l'intendant relatives aux chèvres. — 1745 et le 20 juillet. Délibération de la communauté de Ferrières par laquelle les habitants exposent que, contrairement à l'arrêt du conseil d'Etat,

---

(1) La capitation est un impôt à payer par tête calculé sur le revenu de chacun.

du 30 mars 1725, qui prohibe de tenir des chêvres, sous peine de cent livres d'amende et de confiscation, ils sont en état de prouver que ces animaux ne causent aucun dommage : « Que leurs bois s'exploitent de dix-huit en dix-huit ans et que les particuliers ont la précaution de ne laisser aller leurs chêvres dans leurs bois que lorsqu'ils ont huit années de leur coupe et qu'ils sont en état de garantir leurs bouts ; que dans ce tems, bien loin que les chêvres y causent de domage elles y sont utiles parce qu'elles satachent principalement aux arbustes, ronces et autres mauvais bois rampant et à brouter les feuilles quy croissent autour des blaques, quy della retirent un avantage aussy considérable que s'y on prenoit le soin de les recurer et fournissent une ecorce plus nourrie...

» .... La communauté donne pouvoir au sieur Granier de représenter à M. le sindic du diocèze comme quoi la communauté est ors du cas de la prohibition... »

Et ont signé : Granier, consul ; De Laroque, De Girard, Viala, Cabane, Reboul, Prunet, greffier.

1749 et le 21 juillet. Enregistrement de l'ordonnance de M. l'intendant, du 26 mars 1748, qui autorise la communauté à tenir « cent vingt chêvres aux devois et ténement de Ferrières dont le dépaissement est commun et à les abreuver aux mares et ruisseaux quy sont dans lesdits devois. »

X. Population. — La population de la commune d'après le recensement de 1892, est de 46 habitants.

XI. Etymologie. — L'étymologie de Ferrières est facile à interpréter : Cette commune tire son nom du minerai de fer qu'on trouve disséminé, en grande quantité, sur l'étendue de son territoire.

XII. Homonymes de Ferrières (1).

Ferrière-Larçon, Indre-et-Loire (995 h.)
Ferrière-la-Verrerie, Orne (924 h.)
Ferrière-sous-Jougne (la), Doubs (97 h.)
Ferrière-sur-Risle, Eure (694 h.)
Ferrières-Saint-Hilaire, Eure (594 h.)
Ferrière, Allier (3107 h.)
Ferrières, Ariège (206 h.)
Ferrières, Bouches du-Rhône.
Ferrières, Charente-Inférieure (457 h.)
Ferrières, Corrèze (194 h.)
Ferrières, Doubs (245 h.)
Ferrières, Doubs (1734 h.)
Ferrières, Hérault, canton de Claret (44 h.)
Ferrières, Hérault, canton d'Olargues (345 h.)
Ferrières, Loiret (1799 h.)
Ferrières (le grand et le petit), Lot (10 h.)
Ferrières, Manche (270 h.)

(1) Dictionnaire général des villes, bourgs, villages et hameaux de la France, par Duclos, ingénieur géographe.

3

Ferrières, Meurthe (277 h.)

Ferrières, Oise (657 h.)

Ferrières, Hautes-Pyrénées (709 h.)

Ferrières, Seine-et-Marne (408 h.)

Ferrières, Seine-et-Oise (4 h.)

Ferrières, Seine-Inférieure (750 h.)

Ferrières, Somme (373 h.)

Ferrières, Tarn (911 h.)

Ferrières-les-Ray, Haute-Saône (135 h.)

Ferrières-les-Scey (290 h.)

Ferrière, Cantal (350 h.)

Ferrière (la), Côte-du-Nord (665 h.)

Ferrière (la), Eure-et-Loir (131 h.)

Ferrière (la), Doubs, commune d'Ouhans (18 h.)

Ferrière (la), Indre-et-Loire (258 h.)

Ferrière (la), Isère (1201 h.)

Ferrière (la), Maine-et-Loire (494 h.)

Ferrière, (Haute-Marne (267 h.)

Ferrière, Nièvre (127 h.)

Ferrière (la), Sarthe.

Ferrière (la), (68 h.)

Ferrière (la).... (68 h.)

Ferrière (la), Deux Sèvres (560 h.)

Ferrière, Deux-Sèvres (60 h.)

Ferrière (la), Vendée (1510 h.)

Ferrière (la), Vienne (437 h.)

Ferrière-aux Doyens (la)..... (200 h.)

Ferrière aux Doyens (la), Orne (731 h.)

Ferrière-aux Etangs (la), Orne (1448 h.)

Ferrière-Béchet (la), Orne (34 h.)

Ferrière-Bochard (la), Orne (703 h.)

Ferrière du Gua (la), Isère (8 h.)

Ferrière Duval (la), (180 h.)

Ferrière Harang (la), Calvados (894 h.)

Ferrière Haut-Clocher, Eure (437 h.)

Ferrière-la-Grande, Nord (102 h.)

Ferrière-La Petite, Nord (700 h.)

CHAPITRE IV

Justice

« Ne fais pas à autrui ce que tu ne
voudrais pas qu'il te fît à toi-même. »

SOMMAIRE. — I. Cours juridictionnelle. — II. Nomination des officiers de justice. — III. Officiers de justice connus.

I. Cours juridictionnelle. — « La communauté de Ferrières, de la viguerie et bailliage de Sauve, au diocèse de Nimes, fut comprise dans le diocèse d'Alais à la formation de ce dernier diocèse, en 1694. Elle répondait pour la justice, avant et après cette époque, au *sénéchal* de Montpellier (1). »

Ferrières possédait un juge, un procureur juridictionnel et un greffier ; mais il nous est impossible de donner aucun détail sur la manière dont était rendue la justice, les archives de la mairie n'en ont conservé aucune trace.

II. Nomination des officiers de justice. — Le seigneur avait la nomination des officiers de justice, ainsi que le confirme la délibération suivante, « mais aucune condamnation ne pouvait être exé-

---

(1) Eugène Thomas, Dictionnaire topographique. — La Sénéchaussée de Montpellier fut créée par Henri II.

cntée sans avoir été confirmée par les juges royaux (1). »

« L'an mil sept cent cinquante six et le vintième jour du mois de Mars, au lieu de Ferrières, par devant nous, maître Jean Jacques Prunet, juge dudit lieu. l'audience tenant,

» Est comparu sieur Jean-Baptiste Mallebouche, négociant du lieu de Pompignan, majeur, âgé de vingt-cinq ans, qui nous a dit avoir été pourvu par nous comme procureur de Mʳᵉ Jean-Antoine-Henry de Roquefeuil, marquis de Londres, seigneur dudit lieu Saint-Jean-Baptiste de Ferrières, de l'office de procureur juridictionnel, suivant la lettre du huitiè. me janvier, mil sept cent cinquante cinq, scellée du sceau dudit seigneur marquis et que, pour qu'il puisse en remplir les fonctions dans les formes prescrites et être reconnu pour tel dans la juridiction, il nous requiert de vouloir enregistrer lesdites lettres dans le registre de la communauté et le recevoir en tel cas requis pour le tout servir et valoir ainsi qu'il appartiendra.

» Auquel effet il nous a remis lesdites lettres, que nous avons fait insérer mot pour mot, étant teneur comme s'en suit :

« Nous, Jean-Jacques Prunet, juge du marquisat de Londres, dûment fondé de messire Henri-Jean-

---

(1) Alfred Rambaud, Histoire de la civilisation française. — Ce n'est qu'à partir du xiiiᵉ siècle que la justice des seigneurs cessa d'être souveraine.

Antoine de Roquefeuil, marquis de Londres, seigneur du lieu de Saint-Jean de Ferrières, pleinement
informé de la bonne vie et mœurs, âge, religion
catholique et apostolique de Jean-Baptiste Mallebouche, négociant du lieu de Pompignan, lui avons
donné et octroyé l'office de procureur juridictionnel
du lieu Saint-Jean-de-Ferrières et ses dépendances
pour en jouir et l'exercer d'aujourd'hui, en ayant
droit aux honneurs et prérogatives y attachées, et
tout de même que les précédents procureurs en ont
joui ou dû jouir, tant et si longuement qu'il plaira
audit seigneur marquis de Londres, nous enjoignons
à tous les justiciables de le reconnaître pour tel.
Donné à Londres, le huitième janvier mil sept cent
cinquante-cinq.

» ... Duquel enregistrement ledit Mallebouche a
requis acte et à l'instant a prêté le serment, en tel
cas requis, la main mise sur les saints Évangiles,
moyennant lequel il a promis de bien et dûment
faire les fonctions et a signé avec nous et notre
greffier. »

Prunet, juge ; Granier, greffier ; Mallebouche,
signés au registre (1).

III. Officiers de justice connus.

1613. Granier Barthélemy. ⎫
1659. Granier Claude.   ⎬ bailles.
1680. Granier Hercule.   ⎭

(1) Registre des délibérations de la communauté, année
1756.

1721. Dusfour, viguier.
1745. Prunet Jean-Jacques, juge.
1758. Vigié Jean, juge.
1764. Lonjon, juge.
1755. Viala Joseph, procureur juridictionnel.
1755. Mallebouche.　　　　　　　　»

CHAPITRE V

Instruction primaire

« L'avenir appartient au plus
savant, mais surtout au meilleur. »

SOMMAIRE. — I. L'instruction primaire sous l'ancien régi-
me. — II. Situation de la commune avant 1865, sous le
rapport de l'instruction primaire. — III. Délibération du conseil demandant l'ouverture d'une école. — IV. Local scolaire.
— V. Institutrices et instituteurs de Ferrières.

**I. L'instruction primaire sous l'ancien régi-
me.** — « L'instruction primaire, sous l'ancien régi-
me, n'était pas une affaire d'Etat. Le roi se désin-
téressait de l'enseignement du peuple; il en laissait
le soin au clergé et aux municipalités....

» Le premier venu, faute d'un autre gagne pain,
pouvait embrasser la profession d'instituteur. Il lui
suffisait de passer un examen très sommaire devant
une personne désignée par l'évêque ; celui-ci donnait alors l'approbation, ou permission d'enseigner.
Muni de cette pièce et de tous les certificats qu'il
pouvait recueillir, il se présentait dans un village
où une place était vacante. Là il chantait, montrait
son écriture et tous ses autres talents, exhibait ses
recommandations, et, s'il était agréé, signait le
traité qui déterminait ses engagements et sa rétri-
bution.

» Le maître d'école était misérablement logé. Souvent il n'y avait même pas de salle d'école : il faisait alors 'la classe dans la pièce unique où il mangeait et dormait, ou bien dans une grange, dans une écurie, dans un cabaret.

» Dans beaucoup de pays, le maître d'école allait manger chez les parents à tour de rôle. Aussi les instituteurs étaient ils réduits à cumuler avec les fonctions de l'église, de l'école, de la mairie, quelque autre métier comme maçon, tailleur, cordonnier, cabaretier, ménétrier... (1) »

11. Situation de la commune avant 1865, sous le rapport de l'instruction primaire. — Ferrières‚ n'a joui officiellement « du bienfait de l'instruction primaire » qu'à partir de 1865, où une école mixte dirigée par une institutrice fut créée dans la commune. Les enfants se rendaient, avant cette époque, dans les villages circonvoisins, voire même — mais cela avant la Révolution française— à l'ermitage de Notre-Dame-de-Monier, pour apprendre à lire et à écrire. Le plus souvent les parents, qui étaient tous aisés, s'entendaient pour avoir un maître d'école, qui était nourri et logé dans chaque famille à tour de rôle. Malgré cet état de choses, les anciens registres de l'état-civil en font foi, le niveau de l'instruction était satisfaisant.... pour l'époque.

(1) Alfred Rambaud, Histoire de la civilisation française.

III. Délibération du conseil demandant l'ouverture d'une école

« L'an mil huit cent soixante cinq et le neuf juillet, en vertu de l'autorisation de M. le Préfet, en date du 22 juin, le conseil municipal de Ferrières s'est réuni dans la salle de la mairie.

» Présents : MM. Viala, maire ; Robert, adjoint ; Robert, père ; Viala Palmyre, Gervais, Domergue et Séranne.

» Monsieur le maire, ayant constaté que le conseil était en nombre pour délibérer, a déclaré la séance ouverte...

» Le Conseil,

» Considérant que la commune de Ferrières ne peut pas rester en arrière du mouvement qui porte toutes les communes à jouir du bienfait de l'instruction primaire ;

» Qu'il est vrai que la commune est annexée à celle de Rouet pour cet objet ; mais que cette annexion est illusoire, attendu qu'il est impossible que des jeunes enfants fassent tous les jours 12 kilomètres pour aller à l'école et autant pour revenir chez eux, d'autant plus que les chemins sont impraticables ; que d'ailleurs il y a danger pour des enfants de traverser les bois qui séparent les deux communes ;

» Considérant que les enfants ne pouvant aller à l'école, il est très difficile que l'instituteur de Rouet vienne à Ferrières, même, à longs intervalles, vu la longueur du chemin ; que d'ailleurs il n'est jamais venu ;

» Considérant que les autres localités ayant une école sont à des distances encore plus considérables ;

» Considérant que les habitants sont trop peu aisés pour envoyer leurs enfants dans des écoles spéciales ; que dans ces conditions l'impôt de l'instruction primaire ne profite pas à la commune ;

» Considérant qu'à plusieurs reprises, M. le Préfet a promis à M. le maire de Ferrières de l'aider, par des subventions, à ouvrir une école dans la commune ;

» Considérant....

» Le Conseil,

» Connaissant les intentions bienveillantes de M. le Préfet, demande, à l'unanimité des voix, l'ouverture d'une école mixte dirigée par une institutrice....

» Tous les membres présents signés au registre (1). »

IV. Local scolaire. — La commune ne possède aucun local scolaire. L'instituteur est logé, depuis 1865, dans une vieille maison appartenant à M. Charles Cabane, maire, appelée l'ancienne maison Reboul.

(1) Registre des délibérations du conseil municipal.

V. Institutrices et Instituteurs de Ferrières.

1865. Manissier Louise.

1869. Racanier Augustine.

1883. Lacan Casimir.

1883. Trazic Joseph.

1889. Pézières Angéli, actuellement en exercice.

ÉGLISE DE FERRIÈRES DE CLARET

CHAPITRE VI

Culte

« La foi est libre.
La conscience est inviolable.»

SOMMAIRE. — I. Eglise de Ferrières et cloches. — II. Inhumations dans l'église. — III. Dîme. — IV. Désignation des biens appartenant au prieuré. — V. Privilèges du clergé. — VI. Ordonnances pastorales. — VII. Abjurations du protestantisme. — VIII. Passions religieuses. — IX. Ferrières pendant la Révolution. — X. Cimetières. — XI. Prieurs de Ferrières. — XII. Curés.

I. Eglise de Ferrières et cloches. — L'église de Ferrières était un prieuré du diocèse de Nîmes placé sous le patronage de Saint-Jean-Baptiste ; « elle fut comprise dans le diocèse d'Alais à la formation de ce dernier diocèse, en 1694 (1). »

Son architecture romano-bysantine remonte au Xᵉ siècle, époque où selon l'expression d'un écri-

(1) Eugène Thomas, *Dictionnaire topographique*. — Il est dit dans le *Journal des visites épiscopales de l'évêque de Nîmes*, de 1674 à 1677, que nous avons eu l'occasion de citer plus haut, chap. II. parag. v :

« Ferrières, le 7 du même mois de septembre 1675, après nous être reposés à St-Hippolyte le jour précédent, nous fûmes à Ferrières. C'est un prieuré-cure de 600 livres de rente. Il est de la collation de l'Evêque de Nîmes. Il y a environ 35 communions. L'église est ancienne et jolie et la maison presbytérale assez commode. »

(*Hist. de Nîmes*, t. v. preuves p. 16.)

vain « *la France se couvrit d'un blanc manteau d'églises* (1). » Elle est remarquable par un clocher carré adossé au côté sud du chœur et dans l'intérieur duquel se trouvaient deux cloches qui furent enlevées en 1792.

Nous avons relevé sur la cloche de l'église placée sur un petit clocher, moins ancien que le précédent, l'inscription suivante :

In nomine domini Jesu Christi et beatæ Mariæ & ad honorem.

Beatum Joannem Baptistam.

Pour le lieu de Ferrières : 1646.

Mauricius, prior. -- L. Bordes ma faict.

Il y a par conséquent 249 ans que cette modeste cloche marque, par son pieux murmure, tous les actes de la vie des habitants de Ferrières. « Religion, famille, patrie, et le berceau et la tombe, et le passé et l'avenir, dit un illustre écrivain, tout se trouve dans les rêveries enchantées où nous plonge le bruit de la cloche natale. »

II. Inhumations dans l'église. — Plusieurs familles jouissaient du privilège d'être inhumées dans l'église, comme le confirment les anciens registres et les ordonnances suivantes :

« Louis François de Bausset, par la miséricorde de Dieu et par la grâce du Saint-Siège apostolique,

---

(1) Raoul Glaber, mort en 1050, bénédictin de Cluny , a laissé une chronique, en latin, de 900 à 1046.

évêque d'Alais, conseiller du roy en tous ses conseils, vu le placet ci-dessus et l'avis du sieur Damal-
ric, curé et archiprêtre de Saint-Hippolyte, commis
par nous pour s'informer de la permission où pré-
tend être le sieur Jean Granier, bourgeois, habitant
du lieu de Ferrières, dans notre diocèse, d'une
sépulture dans l'église paroissiale de Ferrières pour
lequel il paroît que grande partie des anciens habitans et généralement tous ne s'opposent point au
droit de ladite sépulture, et par lequel il constate
que ses auteurs en ont toujours joui, nous avons
confirmé et confirmons, en tant que de besoin, les
permissions données par nos prédécesseurs audit
sieur Granier et aux siens au sujet du droit de sépulture..... (1). »

« Jean-Louis de Buisson de Beauteville, par la
miséricorde divine et l'autorité du Saint-Siège apostolique, évêque d'Alais, vu le placet à nous présenté par le sieur Jean Viala, bourgeois, en demande
d'un droit de sépulture dans la dite églfse paroissiale, dont ses auteurs ont joui et auquel il désire
être maintenu par notre autorité, nous, le curé de
ladite paroisse entendu, ensemble les principaux
habitants, qui ont dit n'y avoir aucun obstacle à la
demande que nous pouvions accorder audit Viala
et voulant traiter favorablement l'exposant et
récompenser son zèle et sa piété, voulons que lui et
les siens puissent être enterrés dans ladite église

(1) Registre de l'état-civil, année 1739.

4

sans opposition et sans qu'il soit nécessaire de nouvelles permissions de notre part, à la charge par ledit Viala, ou ses héritiers, de donner pour chaque enterrement des siens la somme de trois livres à l'œuvre ou à la confrérie du Saint-Sacrement, qui doit être établie, à la charge par lui encore de remettre le pavais qui aurait été endommagé à cette occasion dans les vingt-quatre heures.....

» Donné à Ferrières, en cours de visite, le quinze septembre, mil sept cent cinquante-neuf.

» ✝ J. L., év. d'Alais (1). »

III. Dîme. – Les prieurs de Ferrières percevaient la dîme (2) ; ils possédaient, au moment où éclata la Révolution française, un revenu annuel de 2,000 livres environ.

En 1707, Jean Reboul était fermier du bénéfice de Ferrières pour la somme de 680 livres. Le prieur Ayvinhac s'était réservé « les rates de Lamalou, du mas de Murles, de la Lauze et de Puechauroux.... comme aussy le jardin quy est proche le préd. »

En 1768, « messire Pierre-François Blanchier,

---

(1) Registre de l'état-civil, année 1759.

(2) Cet impôt *lourd*, *odieux* (ce que prouvent les archives et la tradition), variable selon le pays, qui mettait en guerre le prêtre et le laboureur, qui obligeait le premier pour le temps de la moisson à une inquisition misérable, fut aboli le 11 août 1789.

prêtre, curé et archiprêtre de la Salle, y habitant,
et prieur de Ferrières,..... a bailhé à ferme à sieur
Jean-Jacques Viala, bourgeois, habitant audit Ferrières, toute la dixme que ledit messire Blanchier a
droit de prendre de son bénéfice de Ferrières.....
Cette ferme est consentie sous la rente annuelle de
la somme de treize cens quatre-vingt-dix neuf livres
argent, dix cétiers blé touzelle, sept cétiers blé
mesture et trente quintaux pailhe, le tout marchand..... et pour cet effet ledit Viala se servira
de l'aire. »

En 1789, Viala et Cabane sont fermiers du bénéfice de Ferrières pour la somme de 1750 livres. Le
prieur s'était encore réservé certaines rentes.

**IV. Désignation des biens appartenant au
prieuré.** — Outre la dime, le prieuré possédait un
grand nombre de terres qu'il nous a été possible de
relever sur un ancien compoix de 1595 ; elles furent
vendues pendant la Révolution comme bien nationaux.

En voici la nomenclature :

« Une petite terre laborative, y a de courniés et
d'amouriés, l'au tout à l'entour de la gleyse et prés
del semeteris, contien un carton, neuf destrés et
demy, estimat del tiers et quart de gré, fait un
denier demi-pitte.

» Item, une terre appelade Cayre Vieille, y a
quatre périés, confronte, du droit, Berthoumieu
Cabane ; du levant, l'ou camy qui va de Cabane à

la Gleyse et la place publique dudit Ferrières ; du couchant, Jean Garonne, conten deux cartons, estimat du premier et second degré, fait trois deniers mailhe.

» Item, une terre laborative au terroir de Campredon, que le temps passé était vigne, confronte, du droit Jean Garonne et Pierre Reboul ; du marin et levant Louis Garonne et paret al mieg ; du couchant, l'ou camy qui va de Ferrières à Montpellier et à Baumes, conten une cestairade, deux cartons, dix-neuf destrés et demi, estimat du troisième degré, fait six deniers mailhe pogesse.

» Item, un petit devés claux de murailles appelat l'ou devés de la Claustre, confronte, du vent droit, la draye allant de Ferrières à Pompignan ; du marin et couchant, noble Antoine de La Roque, chemin entre deux allant de Ferrières à Montpellier ; du levant, l'ou pattu entre les habitants de Ferrières appelat l'ou serré de Campredon, paret al mieg, conten deux cartons, vingt destrés, estimat del troisième degré, fait un denier pogesse, pitte et demy.

» Item, un hevin au terroir du Crouset, confronte, du droit, la draye allant de Ferrières à Pompignan, du marin et couchant l'ou pattu appelat l'ou serré de Campredon ; du levant, Pierre Reboul, conten une cestairade, un carton, quinze destrés, estimat du tiers et quait degré, fait deux deniers pitte.

» Item, un préd et hort asagan joignant, appelat l'ou prat et hort de la Claustre, confronte, du droit,

l'ou camy qui va de la Gleyse à Ferrières et passage de Cabane passant devant la font ; du marin
et levant, Ramond et Claude Granier ; du couchant
l'ou camy de la font, conten, de prod, trois cartons,
neuf destrés et demy, estimat du premier et tiers
degré ; d'hort, quatre destrés, estimat du premier
degré, fait huit deniers pitte.

» Item, une petite terre appelade la parran del
préd de la place, confronte, du droit, Berthoumieu
Cabane ; del marin, la place publique de Ferrières ;
du levant Jean Garonne et camy qui va à la font ;
du couchant, l'ou camy qui va de Cabane à la Gleyse,
conten deux cartons, deux destrés, estimat del tiers
et quart degré, fait un denier mailhe, demi pitte. »

Dans le temps où les pièces ci-dessus, énoncées
dans la dominicature, furent inscrites au compoix
de 1595, elles avaient été baillées à des particuliers
du lieu à « chaipt. »

On trouve, en outre dans les archives de la
mairie, une note ainsi conçue, écrite par le prieur
Cambessédés :

« Noble Anthoine de Cayre, prieur de Ferrières,
laissa à Jean Garonne del mas Deleuze, paroisse de
Ferrières, pour l'acquisition qu'il fit d'Etienne
Noalhac del mas de Beaumes, savoir : Le mas de
Noalhac et deux terres ; ledit mas confronte avec
les terres de ladite église, chemin au milieu et aussi
une casalure antique et les terres de André Garonne,
de Guillaume Granier et le chemin allant de Pompignan à Londres.

» Item, une partie d'olivette, indivise avec ledit
Noalhac vendeur, contenue dans ledit mas, confronte ledit mas et ledit chemin et les terres de l'église.

» Item, une autre terre appelée la Pesse del
Pourtous, confronte les terres de l'église et Guil·
laume Granier et le susdit chemin, soubs la cense
accoutumée. »

V. Priviléges du clergé — A titre de renseignements, nous donnons ci-dessous les priviléges
du clergé au XVIIIe siècle (1) :

« Le clergé continuait à tenir des *assemblées* ; il
était le seul corps qui eût conservé ce droit ; moyennant l'octroi d'un *don gratuit* au roi, il était
exempt de presque tous les impôts.

» Les évêques avaient conservé les tribunaux
d'Eglise ou officialités ; le mariage étant alors
uniquement un sacrement, et non un contrat civil,
les officialités statuaient sur la validité ou la nul-
lité des mariages

» Le clergé était resté propriétaire de près d'un
quart du sol français, avec un revenu d'au moins
130 millions de livres. Il levait pour plus de 123
millions de dîmes sur toutes les terres. Il faut y ajou-
ter près de 100 millions que les dignitaires du clergé
percevaient à titre de seigneurs féodaux.

(1) Les p iviléges du clergé et de la noblesse furent abolis
dans la nuit du 4 août 1789.

» Les registres de l'état-civil étaient tenus par les curés.

» De toutes les puissances au moyen-âge, c'est le clergé qui avait conservé le mieux ses privilèges (1). »

VI. Ordonnances pastorales. — On trouve dans les anciens registres de l'état-civil plusieurs procès-verbaux et ordonnances concernant les visites pastorales des évêques d'Alais dans la paroisse.

Quoique ces narrations soient un peu longues, nous allons les transcrire ; car elles offrent de l'intérêt au sujet des coutumes et usages religieux de ce temps-là.

« **Procès verbal et ordonnance** de visite pour la paroisse de Saint-J.-B. de Ferrières.

» Jean-Louis de Buisson de Beauteville, par la providence de Dieu et l'autorité du Saint-Siège apostolique, évêque d'Alais, conseiller du Roy en ses conseils, etc. Ce jourd'hui quinzième septembre 1759, nous nous sommes rendu, suivant notre mandement d'indication, à neuf heures du matin, en la paroisse de Saint-Jean-Baptiste de Ferrières, accompagné de Mre Étienne de Ribes, l'un de nos vicaires généraux, où nous avons été reçu par le sieur Unal, prieur de ladite paroisse et par le petit nombre d'habitants ; sommes descendu à la maison

(1) Alfred Rambaud, *Histoire de la civilisation française.*

presbytérale, et nous étant revêtu du Rochet, du Camaïl, de l'Etole blanche et du Bonnet quarré, le sieur prieur nous a présenté, à la porte de la maison, où nous étions descendu, la croix que nous avons baisé et nous avons été conduit processionnellement à l'église au son de la cloche, et étant arrivé à la porte de ladite église, le dit sieur prieur nous a présenté l'asperseoir avec de l'eau bénite et en ayant pris et jeté sur les assistants, il nous a présenté de même l'encens à bénir et nous avons encensé de trois traits. ce qui étant fait sommes entré dans l'église dans le même ordre, le clergé chantant l'antienne *Sacerdos* et *Pontifex*, etc. et ayant été conduit au prie-Dieu, qui nous avait été préparé, le sieur prieur est monté à l'autel et a dit les versets et oraisons marqués pour la visite, après quoi nous avons dit l'antienne du patron pendant laquelle nous sommes monté à l'autel que nous avons baisé et avons dit l'oraison de Saint Jean-Baptiste ; et étant retourné à notre prie-Dieu y avons entendu la sainte messe qui a été célébrée par le sieur Granier, prêtre de notre diocèse, à la fin de laquelle nous avons fait publier les indulgences que nous accordons à ceux qui sont présents à notre visite et le sieur prieur ayant ensuite tiré le saint ciboire du tabernacle et l'ayant placé sur le corporal, avons été au bas de l'autel où le sieur prieur nous a présenté en la manière accoutumée l'encens à bénir et ayant fait les encensements ordinaires et la strophe *O salutaris* ayant été chantée, avons dit l'oraison du Très Saint Sacrement et avons donné la bénédiction avec le Saint Ciboire, après laquelle nous avons examiné les vases sacrés et l'autel et ayant ouvert le Tabernacle l'avons trouvé doublé d'une étoffe de soye, mais mal assurée ; le tableau représentant Saint-Jean-Baptiste a paru peu décent ; la pierre sacrée n'est pas bien enchassée et les cartons de l'autel sont fort usés ; les six chandeliers de laiton avec leur croix, le devant de l'autel et le marche-pied nous ont paru en bon état.

» Les vases sacrés consistant en un calice et sa patène, un soleil, un ciboire et une petite boîte à porter le viatique aux malades de la campagne, sont aussi en bon état, excepté le calice dont la coupe est fort détériorée et la patène dont les bords sont bossués.

» Avons été ensuite processionnellement aux fonts-baptismaux, précédé de la croix et le clergé chantant le psaume *Laudate pueri*, où étant arrivé et ayant reçu des mains du sieur prieur l'aspersoir, avons jeté par trois coups l'eau bénite sur les dits fonts et ayant également pris l'encensoir les avons encensés de trois traits ; et l'antienne *Benedicamus patrem* ayant été chantée avec son répons, avons dit l'oraison *Deus qui ecclesiam* et ayant ensuite visité les dits fonts-baptismaux avons trouvé le boisage et couronnement, les crémières et cuvette en bon état.

» Ayant ensuite pris l'étole violette, le clergé chantant le *Libera,* avons été processionnellement au cimetière, où le sieur prieur nous ayant présenté l'encens à bénir, l'aspersoir et l'encensoir, avons fait l'absoute et dit les oraisons pour les morts et ayant examiné le cimetière l'avons trouvé en bon état, excepté l'entrée qui étant commune à l'église ne peut point se fermer ; sommes après retourné à l'église, le clergé psalmodiant à voix basse le psaume *Miserere mei* et étant rentré avons fait l'absoute avec les mêmes cérémonies, et avons ensuite procédé à la visite des ornements, linge et livres servant au service divin et avons trouvé :

» 1° Dix chasubles, dont cinq en soye, les autres de camelat ou légature et toutes en bon état, excepté celle dont on se sert pour le violet ; une chape de de diverses couleurs et une noire ; deux devant d'autel, l'un de diverses couleurs et l'autre en noir, aussi en bon état.

» 2° Trois autres, dont une fine pour les festivités, toutes trois assorties de leurs cordons et amits, deux douzaines purificatoires, huit corporaux, dix lavabos, une nappe pour la communion, cinq nappes fines pour l'autel et deux grossières doubles, le tout en bon état.

» 3° Quant aux livres avons trouvé : Antiphonaire, Graduel, Missel, cayer pour les morts et *Exequia defunctorum,* le tout suivant le nouveau rit par nous établi dans notre diocèse. Ayant ensuite visité la sacristie l'avons trouvée petite et

obscure, fournie de sa table pour placer les ornements et de son armoire au-dessus pour les enfermer,
d'une cuvette avec sa fontaine, d'un bénitier porta-
tif de cuivre et le goupillon, d'une croix pour les
processions, d'un encensoir avec sa navette et d'un
carton pour la préparation de la messe et action de
grâce. Sommes de là revenu dans la nef de ladite
église que nous avons trouvée en bon état, bien
vitrée et non blanchie ; la porte d'entrée a besoin
d'être réparée.

» Étant ensuite rentré dans le sanctuaire avons
fait éloigner le sieur prieur et ayant fait approcher
les consuls et principaux habitants de ladite paroisse, nous sommes enquis d'eux s'ils avaient de
plaintes à former contre ledit sieur prieur, sur son
exactitude à visiter les malades, à leur administrer
les sacrements, sur son assiduité à faire les instruc-
tions et catéchisme, le jour de dimanche et si les
heures sont bien réglées pour le service divin, et
n'ayant reçu d'eux que de bons témoignages, avons
appelé le sieur prieur et l'avons interrogé, à son
tour, s'il y avait des désordres, des inimitiés, des
mauvais commerces, des usures, etc., dans la
susdite paroisse, avons appris avec satisfaction
qu'il n'avait qu'à se louer de ses paroissiens, et
ayant ensuite fait venir devant nous les enfants les
avons interrogés et fait interroger sur le catéchisme
par notre grand vicaire, et avons exhorté le sieur
prieur d'être exact et attentif à faire régulièrement
le catéchisme tous les dimanches.

» Nous sommes fait ensuite présenter les registres curiaux de ladite paroisse, que nous n'avons point trouvés conformes à ce qui est prescrit par les ordonnances du Roy et aux règlements donnés en conséquence par notre prédécesseur, sur quoy voulant les renouveler et remettre les choses en règle, avons tout de suite rendu notre ordonnance, que nous avons faite coucher sur le registre courant.

» Sur tout ce que dessus, notre promoteur entendu, nous étant fait représenter les précédentes ordonnances, que nous avons confirmées, avons ordonné et ordonnons :

» Que les fruits prenant feront couvrir les nudités peu descentes du tableau de l'autel, qu'ils feront redorer la coupe du calice, raccommoder les bords de la patène, qui sont bossués, qu'ils feront bien enchasser la pierre sacrée, assujettir et bien fixer le tabernacle ; qu'ils fourniront de nouveaux cartons pour l'autel, une écharpe de soye pour donner la bénédiction, une chazuble violette avec tous ses assortiments, une étole séparée à deux faces, blanche et violette pour l'administration des sacrements ; et cherchant à renouveler dans l'esprit des fidèles les promesses qu'ils ont faites à leur baptême, exhortons le sieur prieur de leur faire une fois l'année une instruction sur le renouvellement des vœux, et voulons qu'il soit appliqué à côté des fonts baptismaux un tableau, estampe ou image représentant le baptême de Jésus-Christ, et qu'il y soit placé de façon qu'il y soit exposé à la vue des fidèles ;

» Que les habitants feront repeindre la porte de l'église de deux couches d'impression en huile avec de la litarge ; qu'ils feront faire au cimetière un petit mur à la hauteur de celuy qui clôture leur cimetière, lequel mur sera pour séparer l'entrée dans l'église et qu'ils y mettront une petite porte avec sa serrure.

» Il n'y a point de chapelle ny aucune autre fondation dans ladite paroisse.

» Il n'y a point de maître d'école, attendu le petit nombre d'habitants.

» Il n'y a point de bureau de charité.

» Et à l'exécution de tout ce dessus, les dits fruits prenants et à leur diligence, les habitants seront tenus de satisfaire dans trois mois après la publication de notre présente ordonnance, passé lesquels ils y seront contraints par les voyes de droit à l'instance de notre promoteur, avec l'imploration du bras séculier.

» Donné à Ferrières l'an et jour que dessus.

» ✝ J. L., év. d'Alais.

» Par Monseigneur,

◦ COSTE, secrétaire. »

« Louis François de Bausset, par la miséricorde divine et l'autorité du Saint-Siège apostolique, évêque d'Alais, conseiller du Roy en ses conseils, etc.

» Vu notre procès-verbal de visite dans l'église paroissiale de Saint-Jean-Baptiste de Ferrières, de notre diocèse, en date du premier avril courant et notre vice promoteur entendu, confirmant et renouvelant autant que de besoin, les ordonnances de visite de nos prédécesseurs, nous avons ordonné et ordonnons pour ce qui regarde le sanctuaire, le chœur et la sacristie : 1° qu'il sera fourni par qui de droit une nappe de communion, et qu'on fera redorer l'intérieur de la coupe du calice et du ciboire, qu'on visitera le couvert du chœur et de la sacristie et qu'on changera le pavé qui est détérioré, depuis le premier degré de l'autel jusqu'à la table de la communion.

» Et pour ce qui regarde la nef et le cimetière, nous ordonnons : 1° que la table de communion sera réparée et rassurée, que l'on fera blanchir la nef et remanier le couvert, que l'on peindra en grès à l'huile la boiserie des fonts baptismaux, qu'on y mettra au-dessus un ciel de bois peint et à côté une autre image du baptême de N. S. ; 2° que l'on disposera la cloche de manière qu'on puisse la sonner aisément à volée, que l'on blanchira tous les trous qui sont en dehors aux murs de l'église, qu'on fera crépir dedans et en dehors les murs du cimetière, et que la porte sera peinte à l'huile.

» Nous approuvons et confirmons la *Confrérie du Saint-Sacrement* établie dans ladite paroisse par nos prédécesseurs. Voulons qu'elle soit gouvernée par le sieur prieur et par des officiers pris dans le nombre des principaux habitants de la paroisse et qu'il soit imposé une certaine taxe modique sur chaque membre pour fournir aux dépenses nécessaires. On donnera la bénédiction du Saint-Sacrement aux fêtes annuelles, le jour de la Fête-Dieu, le dimanche dans l'Octave et le jour de la Toussaint.

» Et sur le requête à nous présentée, au moment de notre visite, par le sieur Consul de ladite paroisse et sur ce ouï le sieur prieur, nous ordonnons que, pour la plus grande commodité des habitants, la messe paroissiale sera dite les dimanches et fêtes à sept heures et demie, en hiver, et à sept heures, en été, sans préjudice de l'instruction, d'une demi heure, que le sieur prieur est si exact à faire après l'évangile et à laquelle les paroissiens doivent assister avec attention.

» Ordonnons, audit sieur prieur, d'inscrire mot à mot la présente ordonnance dans les registres courants de la paroisse, de la lire et publier au prône de la messe pendant deux dimanches consécutifs, de quoi il nous certifiera par écrit et de la faire exécuter selon sa fo. me et teneur, par qui il appartiendra, faute de quoi on y sera contraint, à l'instant de notre promoteur, avec imploration du bras séculier.

» Exhortons les fidèles à éviter avec soin les danses et les cabarets, à s'approcher des sacrements et à sanctifier les dimanches et fêtes en s'abstenant de toute œuvre servile.

» Recommandons aux pères et mères et maîtres et maîtresses d'envoyer exactement leurs enfants et domestiques aux catéchismes, offices et instruc-

tions de la paroisse et d'y assister eux-mêmes avec
assiduité.

» Chargeons notre vicaire général, préposé au
département de l'archiprêtré de Saint-Hippolyte,
de vérifier sur les lieux, dans le courant de l'année
prochaine, si la présente ordonnance, qui lui sera
exhibée, aura été exécutée et de nous en rendre
compte.

» Donné à Alais, en notre Palais Episcopal, le
25 avril 1788.

» † L. F., év. d'Alais.

» Par Monseigneur,

» ADOUL, secréraire. »

VII. Abjuration du protestantisme. —

Avant la révocation de l'édit de Nantes (18 octobre
1685), il y eut plusieurs abjurations à Ferrières,
ainsi que le confirment les actes suivants, que nous
avons transcrits d'après les anciens registres de
l'état civil :

« L'an mil six cent septante-neuf et le vingt-un
juillet, François Sailhens du lieu de Saint-Hippolyte, diocèse de Nimes, âgé de vingt ans ou environ,
fils de Jacques Sailhens et de Marguerite Bruguière,
sa femme, a fait abjuration de l'hérésie et profession publique de la religion catholique, apostolique
et romaine, entre les mains de messire François
Julle de Roquefeuil, prieur de Ferrières, commis à
cet effet par m   ieigneur l'évêque de Nimes, dans

l'église dudit Ferrières, en présence de messire François Mousels, curé dudit Ferrières et de Claude Granier et de noble François de Girard et Hercule Granier, habitants dudit lieu qui se sont signés avec moi. »

Mascla de Roquefeuil, Sailhens, Granier, Granier, La Croix de Girard, Mousels, curé, signés au registre.

« Ce jourd'hui trente juin mil six cent quatre-vingt, Jeanne Goutte du lieu de Saint-Jean Gardonenque, fille de feu Jean et de Fulcrande Puech, âgée de vingt-quatre ans, ou environ, a fait abjuration de l'hérésie et profession de la religion catholique, apostolique et romaine, de laquelle hérésie, je Antholne Ayvinhac, curé dudit Saint-Jean de Gardonenque, lui ai donné l'absolution, conformément à la permission qui m'en a été donnée par monseigneur l'illustrissime et révérendissime évêque de Nimes, en présence de messire François Mousels, curé et Jean Granier, bourgeois et François de la Croix de Girard, tous habitants du présent lieu de Ferrières et la susdite Goutte a fait profession de foi dans l'église dudit lieu ; lesdits Mousels, curé, Granier et La Croix, signés avec moi, Antoine Ayvinhac, curé de Saint-Jean de Gardonenque, ladite Goutte ne sachant signer. »

« L'an mil six cent quatre-vingt-trois et le seizième jour du mois de novembre, Jacques Sailhens, h²⁴ du lieu de Saint-Hippolyte, diocèse de Nimes, âgé de septante quatre ans, ou environ, ayant deux filles de vingt-cinq à vingt-huit ans, qu'il a promis d'élever et porter de tout son pouvoir à la foi catholique, a fait abjuration de l'hérésie et profession publique de la religion catholique, apostolique et romaine, entre les mains de messire Chaliers, vicaire de Pompignan, commis à cet effet, par monseigneur l'évêque de Nîmes, dans l'église de Ferrières dudit diocèse, en présence de messire François Mousels, curé dudit Ferrières, noble François de Girard, seigneur de la Croix, Jean Granier dudit Ferrières, François Dombras, de Notre-Dame-de-Londres et Jean Gros, de Pompignan, soussignés avec moi et ledit Sailhens, marchand de laine. »

Sailhens, Granier, Dombras, La Croix de Girard, Gros, Mousels et Chaliers, signés au registre.

« L'an mil six cent quatre-vingt-cinq et le neuvième jour du mois de novembre, devant moy, prieur curé et présents les témoins bas nommés et dans l'église de Ferrières, Isabeau Journette, native du village d'Allayrac, paroisse de....., âgée de dix-huit ans, demeurant à présent au village de Baumes, avec le sieur du Villaret, pour servante, a fait abjuration de l'hérésie et profession de foi de la religion catholique, apostolique et romaine, conformément aux constitutions ecclésiastiques.

» Présents : maître Hercule Granier du dit Ferrières et Anthoine Ayvinhac du lieu de Saint-Grégoire au diocèse de Rodez. »

Anthoine Ayvinhac, A. Ayvinhac, prieur et Granier signés.

« L'an mil six cent quatre-vingt-cinq et le dixième jour du mois d'octobre, noble Isaac de Laroque, habitant de Couloubrines, âgé de septante ans, comme aussi demoiselle Pierrette Teissière, sa femme, âgée de cinquante ans et Jean de Laroque, âgé de douze ans et Susanne de Laroque, fils au sus nommés, ont fait abjuration de l'hérésie de Calvin et profession de la religion catholique, apostolique romaine, dans l'église de Saint-Jean-de-Ferrières, devant moi prieur-curé, conformément au pouvoir qui m'a été donné par monseigneur l'illustrissime Jacques de Séguier, évêque de Nîmes. Présents : noble François de Girard de La Croix, Hercule Granier et Louis Viala, signés avec Jean de Laroque, fils, tous habitants de Ferrières, les autres ne sachant signer, et moi curé. »

De Laroque, La Croix de Girard, Granier, L. Viala, A. Ayvinhac, prieur-curé, signés au registre.

« Ce jourd'hui quatorzième novembre, mil six cent quatre-vingt-cinq, dans l'église de Ferrières, noble Jean de Laroque, seigneur du Villaret, âgé de trente-sept ans, et noble Isaac de Laroque, âgé de trente ans, habitants au village de Baumes, ont fait abjuration de l'hérésie de Calvin et profession de la religion catholique, apostolique, romaine, devant moi prieur-curé. Présents : Hercule Granier, baille de Ferrières et Antoine Ayvinhac du lieu de Grégoire au diocèse de Rodez, signés avec lesdits de Laroque et moi. »

De Laroque, Laroque de la Crouzette, Granier, baille, A. Ayvinhac, prêtre, A. Ayvinhac, prieur-curé, signés au registre.

« Ce jourd'hui quatorzième novembre mil six cent quatre-vingt-cinq, noble Pierre de Laroque, seigneur de la Taillade et demoiselle Marie de Laroque et autre Marie de Laroque, frère et sœurs, habitants à présent au village de Baumes, paroisse de Ferrières, âgés ledit noble Pierre de Laroque de vingt-cinq ans, l'aînée des sœurs de trente-deux ans et la cadette de vingt-un, ont fait abjuration de l'hérésie de Calvin et profession de la religion catholique apostolique, romaine, conformément à la profession de foi inscrite dans mon rituel, laquelle profession ils ont faite au village de Baumes, maison de Madame la vicomtesse de la Rode, devant moi curé-prieur soussigné. Présents : Hercule Granier, baille et Jean Gros, de Pompignan, signés avec noble de Laroque, les demoiselles ne sachant, et moi ; et en même temps demoiselle Suzanne Pauque, mère des susnommés, a fait la même abjuration. Présents que dessus. »

De Laroque, Granier, baille, Gros, A. Ayvinhac, prieur-curé, signés.

VIII. **Passions religieuses**. — Nous transcrivons également l'acte suivant qui donne une idée des passions religieuses, dont la guerre des Camisards fut l'épilogue sanglant :

« Ce jourd'hui treizième août mil six cent quatre-vingt, au lieu dit de Ferrières, je soussigné, curé du lieu de Saint-Jean de Gardonenque, ai donné la bénédiction nuptiale et épousé les nommés Fulcrand Hermet du lieu de Notre-Dame-de-Londres et Jeanne Goutte du lieu de Saint-Jean-de-Gardonenque, en vertu du pouvoir que monseigneur de Nîmes m'en a donné et du consentement du curé dudit lieu, ladite Goutte ne pouvant épouser ni résider audit Saint-Jean à cause de la persécution que lui font les habitants dudit Saint-Jean, à cause qu'elle a fait abjuration de l'hérésie en présence de messire François Mousels, curé, et Hercule Granier, baille, signés avec Hermet. »

Fulcrand Hermet, A. Ayvinhac, curé, Mousels, curé, signés.

IX. **Ferrières pendant la Révolution.** — Sur l'invitation de l'évêque constitutionnel de passage à Ferrières, à ce qui nous a été raconté, le prieur André prêta serment à la Constitution civile du clergé, le 6 janvier 1791.

Plus tard, il se rétracta, ainsi que le confirme l'acte cité ci-dessous, que nous avons trouvé dans les minutes de Me André, notaire à Pompignan (Gard), qui nous ont été communiquées avec une obligeance parfaite :

« Aujourd'hui, 6e du mois de juin 1791, après midi, au lieu de Pompignan, par devant nous,

Antoine Peyridier, gradué en droit, notaire royal dudit lieu, soussigné, a comparu :

» Sieur Jacques-Simon André, prieur-curé du lieu de Ferrières, département de l'Hérault, district de Montpellier, qui nous a dit : que pour la tranquillité de sa conscience et en témoignage de son attachement inviolable à la doctrine de l'Eglise catholique, apostolique et romaine dans le sein de laquelle il veut vivre et mourir, il déclare qu'il rétracte le serment qu'il a cru pouvoir prêter comme fonctionnaire public devant messieurs les maire et officiers municipaux dudit Ferrières, le 6ᵒ du mois de janvier dernier et qu'il adhère d'esprit et de cœur au serment de M. l'évêque de Clermont, député de l'*Assemblée Nationale*.

» De ce dessus, il a requis acte octroyé, fait et récité dans notre étude en présence du sieur Louis Alary et de sieur Jean-François Claparède, négociant, habitant dudit Pompignan, signés avec ledit sieur comparant et nous notaire. »

André, prieur-curé ; Alary : Claparède Peyridier, notaire, signés à la minute.

Enregistré à Saint-Hippolyte le 25 juin 1791.

Reçu une livre. Signé, Aigoin.

Le prieur André quitta la commune le 18 avril 1792, sans dire où il allait se réfugier.

Pendant la Révolution, Ferrières servit d'asile à plusieurs prêtres *réfractaires*, comme on les appelait, auxquels les habitants offraient secrètement l'hospitalité.

Un de ces prêtres, nommé Tourtoulon, fut arrêté à Baumes, par des soldats qu'on avait envoyés à sa recherche, d'où il fut conduit à Saint-Hippolyte pour y être guillotiné.

L'imagination populaire, surexcitée par ces persé-cutions, accrédita le bruit que les pavés qui furent teints de son sang en gardèrent longtemps l'em-preinte sans qu'il fût possible de le faire disparaître.

D'après ce que nous avons recueilli, auprès des familles du pays, un de ces prêtres, l'abbé Arnha-vielle, curé de Pompignan, resta près de deux ans à Ferrières, où l'on nous a montré, dans une maison du village, la chambre qu'il habitait où il célébrait la messe ; cette chambre était la cachette qui lui servait de lieu de refuge dans les circonstances critiques.

X. Cimetières. — Le cimetière de Ferrières est attenant au côté sud de l'église. Des fouilles prati-quées tout récemment (1) pour la construction d'un mur, dans une terre appartenant à M. Viala, au-dessous du chemin de l'église, ont permis de cons-tater l'existence d'un ancien cimetière.

XI. Prieurs de Ferrières :

— — Antoine de Cayre, prieur.

1604-1650. Maurisse, prieur, décédé à l'âge de 80 ans environ, enseveli dans l'église de Fer-rières.

(1) En 1894.

1650-1678. Cambessédes, prieur.

1678-1684. { de Roquefeuil (Jules), prieur.
{ Mousels, curé.

1684-1712. Ayvinhac, prieur.

1712-1744. Unal Jean, prieur.

1744-1768. Unal Laurent, prieur, neveu du précédent, décédé le 3 septembre 1768,
enseveli dans l'église de Ferrières.

1768-1769. { Blanchier, archiprêtre de la Salle, prieur.
{ Père Ambroise, procuré.

1769-1793. André Jacques-Simon (1), prieur.

La Révolution abolit le prieuré, dont tous les
biens, même le presbytère, furent vendus (2) comme
biens nationaux et la paroisse resta sans desser-
vant jusqu'en 1859. Depuis cette dernière époque
elle est desservie par Rouet érigé en succursale.

XII. Curés de Ferrières :

1859. Talobre.

1866. Carquet.

1869. Couzi Louis.

1874. Lacoste.

---

(1) « L'an 1769 et le 22 du mois d'avril, j'ai été mis en
possession du bénéfice de Ferrières par Mo Bourgoin, notaire
de Saint Hippolyte. Dieu veuille bénir l'ouvrage qu'il a si bien
commencé, seconder mes travaux selon ses vues saintes et
faire marcher et le pasteur et le petit troupeau dans la voye
pénible du ciel. — ANDRÉ, prieur. » *État-civil, année 1770*

(2) Le presbytère fut vendu à Jean-Jacques Viala, pour la
somme de 990 livres.

1879. Barrière.

Cette même année visite de Monseigneur de Cabrières, évêque de Montpellier.

1882. Boude.

1886. Rascoussier.

1888. Touchy.

1890. Léautard.

1892. Vidal.

CHAPITRE VII

Habitations

> « Là mon cœur en tout lieu se retrouve lui-même !
> Tout s'y souvient de moi, tout m'y connaît, tout m'aime!
> Mon œil trouve un ami dans tout cet horizon,
> Chaque arbre a son histoire et chaque pierre un nom. »

SOMMAIRE. — I. Village de Ferrières (maison Cabane, l'ancien presbytère, maison Reboul, mas Deleuze). — II. Métairie de Baumes. — III. Les Jasses. — IV. Jasse de la Salle.

I. Village de Ferrières. — Le village de Ferrières figure un triangle équilatéral aux sommets duquel sont placés trois groupes d'habitations : Au nord, la maison Cabane (1) ; à l'est, l'église, l'ancien presbytère et la maison dite de Reboul ; à l'ouest, les maisons de Mᵐᵉ Stœssel et de M. Viala (2), qui portent dans tous les vieux actes la dénomination de *Mas Deleuze*, du nom d'une ancienne famille qui existait à Ferrières aux XIIIᵉ et XIVᵉ siècles.

Ferrières n'a aucun monument remarquable, si ce n'est son église, dont nous avons parlé dans le chapitre précédent.

Plusieurs maisons du village possèdent des fenê-

(1) Voir chap. généalogies, famille Cabane.
(2)   id.   familles Viala et Granier.

tres à croisillon. Les détails d'architecture de celle dite de Reboul sont propres à la Renaissance.

II. Baumes. — La Métairie de Baumes (anciennement Balmes, Balmis), désignée souvent sous le nom de hameau de Baumes, village de Baumes, comprenait autrefois plusieurs habitations et était très importante à cause de sa verrerie.

1293 et le 1er août. « Pierre Mathieu de la paroisse de Ferrières, reconnaît par devant Rostin de Pioch-haut, chevalier, viguier de Beaucaire, député pour recevoir les reconnaisances des fiefs, usages et autres services à rendre au roi, savoir : 1° son mas appelé de *Balmes*, situé dans la paroisse de Ferrières, confrontant la terre dans laquelle se trouve la maison, avec tour, de Raymond du Buis et avec les terres de Jean de la fontaine des Ormeaux et avec les terres de Pierre de Balmes ; 2° le devès de Royrégous, qui confronte avec les terres du mas de Dansinol et avec le devès de Jean de la fontaine des Ormeaux et avec les terres du mas de Villasè-que et avec le mas de Mattelongue....

» Il donne au roi et à sa cour de Sauve, tous les ans, à la Saint-Michel, deux cétiers ras d'avoine et deux sous ; il donne en plus au roi et à sa cour la cinquième partie de tous les blés qui poussent dans les dites terres il se reconnaît ensuite comme homme du roi, à cette condition que quand une

---

(1) Cartulaire de Maguelone, t. 6, (F) fol. 330.

femme sort dudit mas elle paie au seigneur roi cinq sous tournois et quand une femme y entre il donne à la volonté dudit seigneur roi, et il déclare que son mas vaut bien trois cents livres. »

1303. Reconnaissance féodale consentie au seigneur de Ferrières par Bernard Tergile et Raymonde sa femme, pour un mas situé à *Balmes* avec toutes ses dépendances, lequel mas confronte avec la maison de Pierre Mathieu, avec les terres du mas du Villaret, avec la maison de Guillaume de font Mégau et avec le mas de Pierre de Balmes. Acte reçu par Jean...., notaire de Sauve (1).

1436 et le 17 janvier. « Noble Michel Falcon, fils de noble Jean Falcon, du mas de Balmes, du consentement de noble Aygline de Rouvière, veuve dudit Jean Falcon, vend à Bernard de Noalbac, dudit mas de *Balmes*, toute sa portion de l'héritage qu'il possède, en indivis, avec noble Jean Falcon, son frère, tant dans la susdite paroisse de Ferrières que dans la paroisse de Claret : Maisons, Terres, Champs, Devès, Bois, etc...; lequel héritage est en partie dans ledit mas de Balmes, de ladite paroisse de Ferrières et en partie dans le mas de Fournel, partagé entre les deux paroisses de Ferrières et de Claret, confronte ledit mas de Balmes avec les terres de noble Jean de Montlaur, seigneur de Murles et avec les terres du vénérable chapitre de Maguelone, d'une part ; avec les terres de Béatrix de

(1) Archives de la mairie.

Cayroné, autrement de Balmis, belle-mère dudit Bernard acheteur et avec les terres dudit Bernard Noalhac, avec les terres de Jean et Guillaume du Crès, frères, et avec les terres de Pascal des Claparèdes, la rivière de Gorniès traversant lesdites terres de Gorniès, avec les terres de Cabane, dudit Noalhac acheteur.

» Ledit Bernard de Noalhac acheteur et ses successeurs devront et sont tenus de faire à perpétuité, tous les dimanches, dans l'église de Saint-Jean-de-Ferrières, l'offrande du pain, du vin et du luminiaire en la mémoire des ancêtres et parents du vendeur dudit Michel Falcon et aussi de faire commémoration desdits prédécesseurs et parents dans la proclamation annuelle des obits faits dans ladite église.... Bernard Noalhac paie à Michel Falcon la somme de cent moutons d'or.....

» Fait dans la paroisse de Ferrières et dans le mas de Balmes, à savoir sur une place publique où avait été construit le four de la verrerie.

» Témoins : Jean Matas, prieur de Notre-Dame-de-Londres, Jean de Cabane, de la paroisse de Ferrières, Jean Cabane, de la paroisse de Notre-Dame-de-Londres (1). » Me Jean Masson, notaire.

En 1539, Baumes était une directe du « vénérable chapitre de Montpellier, jadis de Maguelone. »

1539 et le 17 mai. Délimitation des juridictions de Balmes et Ferrières. Cette délimitation est ainsi

(1) Archives de la mairie.

conçue : «.... *Anam al lac de Villasequa de vers
le narbonnès et ambe las terres d'aoudit chapitre per
lo mas de Villasequa.... et ledit terme que fa la
partion va à la fon de las canals seguen las bolas del
mas de la Lausa et tout ainsi, comme es contengut
en la venda facha per Moussu de Farrayras del mas
del Boisset* (1). » Acte reçu par Dedet, notaire.

1540. Bail à ferme du château et juridiction de
Roet et Balmes, appartenant audit chapitre, consen-
ti à un nommé Buschonis « ensemble les fruits et
émoluments de Roet, accoutumés d'arrenter et
ceux dudit chapitre, nouvellement acquis (2). »

1540. « Procès par devant le sénéchal de Beaucaire
et Nimes entre noble Antoine de Vézenobres,
viguier de Sauve, seigneur de Sauve et le chapitre
de l'église cathédrale de Saint-Pierre de Montpellier ; sur ce acquis dudit de Vézenobres au chapitre
doit appartenir la directe et seigneurie d'un mas
appelé de *Balmes*, assis dans la juridiction dudit
Balmes, de ses devois et légitimes confrontations,
laquelle juridiction a été dernièrement acquise
dudit de Vézenobres par ledit chapitre et la censive
annuelle d'un cétier froment dû pour raison d' ʼit
mas....

»..... 1540 et le 20 septembre, à Montpellier
ledit chapitre estime, les parties transigent et con-
viennent que Anthoine de Vézenobres cède audit

(1) Archives de la mairie de Notre-Dame-de-Londres.
(2) Archives de la mairie de Notre-Dame-de-Londres.

chapitre la directe seigneurie et annuelle censive
d'un cétier froment et tout autre droit lui appartenant dans ledit lieu et juridiction de *Balmes*, et
toute autre rente et censive qu'il pourrait avoir et
le chapitre lui donne la somme de huit écus soleil (1). »

La seigneurie de Rouet et Baumes fut vendue
par le chapitre de l'église cathédrale de Montpellier
en 1580, à François de Roquefeuil (2).

Dans l'acte de vente de la seigneurie de *Rouet et
Baumes*, fait à François de Roquefeuil par le chapitre de l'église cathédrale de Montpellier, on voit
que l'évêque voulant en connaître l'opportunité,
ordonne une enquête, et que dans cette enquête,
sont entendus comme témoins, « le 16 septembre
1580, noble Loys de La Roque, écuyer, seigneur
de Colobrines, habitant du lieu de Ferrières, et
noble Claude de La Roque, écuyer, seigneur de
Vallongue, habitant de Saint-Martin-de-Londres,
tous deux comme circonvoisins des biens vendus,
viennent déposer de l'état de ces biens, de leur produit et de l'opportunité de la vente (3). »

1582 et le 30 septembre. « Les héritiers de Mathieu
de Laroque, noble François et Bastien de Laroque,
frères et écuyers du lieu de la Boissière, vendent à
François de Roquefeuil tout ce qu'ils tiennent de

(1) Archives de la mairie.

(2) Archives de la mairie.

(3) Archives de Notre-Dame-de-Londres.

leur père, au mas de *Baumes*, commune de Ferrières (1). »

Au XVII° siècle, Baumes était déjà un corps de
domaine, propriété exclusive du marquis de Roquefeuil.

Dans la seconde moitié du XVIII° siècle, *Baumes*
devint la propriété de la famille de La Roque,
branche de Couloubrines (2), qui l'a possédée jusqu'en 1860. A cette époque elle fut vendue à M.
Mourgues Barthélemy. Son possesseur actuel est
M. Ricome, de Montpellier, son petit fils.

III. Les Jasses — La campagne des Jasses
portait dans les siècles derniers le nom de Mas de
la Salle. Cette importante propriété appartenait autrefois, par parties égales, aux familles Granier (appelée quelques fois Garnier) et de Girard.

L'ancien compoix mentionne seulement une jasse
dans ce mas : « Une jasse appelée de la *Salle*,
confronte du levant soy mesme (Raymond Granier);
du couchant le chemin ; du midy, Claude Granier ;
d'aure, l'indivis de soy mesme et Claude Granier (3). »

« 1506 et le 20 janvier Guillaume et Jean Garnier,
frères, de la paroisse de Saint-Jean-de-Ferrières,
ont recogneu à Firmin Durant, bourgeois de Sauve,
conseigneur de Gajans, la moitié de deux mas situés

(1) Archives de Notre-Dame-de-Londres.
(2) Les La Roque de Baumes descendent de François de La
Roque, frère d'Isaac. — V. Chap. Généalogies.
(3) Archives de la mairie, compoix de 1657.

en ladite paroisse, l'un desquels est appelé mas de la *Salle* avec les terres et possessions appartenant audit mas, confronte autres terres desdits recognaissans, quont esté jadis de Pons Deleuze, terres quont esté jadis de feu Martin Cornairet et à présent de Pierre Aycard, de Notre-Dame de Londres ; du midy, terres quont été jadis de noble Hugues Raimond et à présent baillées à nouvel achet à Estienne Noalhac, terres des appartenances du mas de las Pauzes, que tiennent lesdits recognaissans, terres desdits recognaissans pour le mas de las Pauzes et d'André Garone, terres de Pierre Issaly pour le mas de Cornairet et avec la paroisse de Notre-Dame-de-Londres (1). » Acte reçu par Mre Declaris, notaire.

1550 et le 23 avril. Barthélemy Garnier, du lieu de Ferrières, rendit le même hommage à noble Bernardin Durant.

Les derniers propriétaires de ce domaine, ont été MM. Capblat, Daudé de Lavalette, Goullyon père et Goullyon Louis, de Ganges, son possesseur actuel.

M. Caizergues, le père de Mme Stœssel et Capolat, achetèrent à la famille de Girard.

IV. Jasse de la Salle. — Cette ancienne métairie, résidence actuelle du garde des Jasses, se trouve désignée comme il suit dans une reconnaissance de 1664 : « Une metterie et Jasse appelée le mas de la

(1) Archives de la mairie.

Sale, consistant en terres labourives et debois de
las Pauzes et un coing d'ollivette, confronte du
levant la draye de Saint-Martin-de Londres à Pompignan ; du midy, l'indivis de soy mesme, Reymond et Claude Granier ; du midy et couchant,
l'indivis de Claude Granier ; du couchant, Reymond
et Claude Granier ; du vent droict, l'indivis de la
Boissière ; du midy, soy mesme, laquelle metterie
sus dézignée avoit esté recogneue avec celle de las
Pauzes, partagée avec lesdits Granier et Jean
Garonne, devantier de Viala, à noble Bernardin
Durant, seigneur de Vibrac, soubs la censive de
deux cartes avoine et deux sols six deniers argent,
acte reçeue par Me Romain Depize, notaire, en
l'année mil cinq cens cinquante et le vingtroisiesme
avril, et auparavant avoit esté recogneue par André
Garonne à Firmin Durant, seigneur de Vibrac,
soubs la dite cense, acte reçeue par Me André Declaris, notaire, en l'année mil cinq cens six et le vingt-
sixiesme janvier (1). »

Cette ancienne métairie était encore au commencement du siècle aux mains de la famille
Viala.

(1) Archives de la mairie.

CHAPITRE VIII

Vieux mas

> « Oh ! que d'enseignements on lit dans les ténèbres
> Sur ton deuil renversé,
> Sur tes murs tout empreints d'une étrange fortune,
> Vaguement éclairés dans ce reflet de lune
> Que jette le passé ! »

I. Vieux mas. — On trouve sur l'étendue de la commune une dizaine de mas en ruines, envahis depuis fort longtemps par la végétation, qui porte avec elle l'indication d'un passé lointain.

C'étaient dans ces vieilles demeures, sans aucun doute, qu'étaient disséminés une partie des anciens habitants de Ferrières pendant les premiers siècles du moyen-âge.

Quelle page curieuse et intéressante pour l'histoire locale, si ces foyers aujourd'hui déserts et abandonnés pouvaient nous retracer l'existence de ceux qu'ils ont abrités !

Grâce cependant à des vieux parchemins, qui nous ont été communiqués et aux rares archives de la mairie, nous pouvons donner quelques renseignements précieux sur ces vestiges du passé.

RUINES DE COULOUBRINES

II. Ruines de Coloubrines. — Les ruines de Coloubrines, ancienne résidence de la famille de La Roque, connues plus particulièrement sous le nom de «verreries de Coloubrines», étaient encore habitées au commencement du siècle.

Dans une reconnaissance de 1657 consentie par François et Isaac de La Roque, frères, à noble Louis Durant, seigneur de Ferrières, le mas de Coloubrines se trouve ainsi désigné : « En premier lieu, une maison à trois étages, appelée la maison de *Calazau*, consistant en maison d'habitation, jasse, poussieu, gallinier, clestre, palliés, establc, aire joignant lesdits palliés, deux parans, ollivettes, jardin, terres, le tout joignant. confrontant du levant Reymond et Claude Granier ; du midy le debois desdits sieurs de La Roque, acquis de Cabane ; du couchant les jardins des hans (habitants) de Ferrières ; du vent droict le chemin de Pompignan à Ferrières, passant devant ledit mas de Calazau (1). » Acte reçu par Jacques Declaris, notaire de Sauve.

Nous parlerons longuement de Coloubrines en établissant la généalogie de la famille de La Roque.

III. Mas de Pousancres. — Les ruines du mas de Pousancres sont indiquées sur les cartes du Ministère de l'Intérieur et de l'État-major ; elles sont situées à l'extrémité ouest du bois appelé Gros Countaou.

(1) Archives de la mairie.

1377 et le 29 mai. « Noble Jean Daudemarés, marchand, de Montpellier, vend, en franc alleu (1), à Jean et Pons Deleuze, un sien mas appelé de *Posancres* pour le prix de 156 francs d'or de bon poids du coin de France (2). » Pierre Bourdon, notaire de Montpellier.

1414 et le 20 juillet. « M° Jean Longueville, et autres, notaire des Matelles, ont vendu, en franc alleu, à Jean et Raymond Térondel, père et fils, de la Roque Aynier, tout un leur mas appelé de *Posancres* situé sur la paroisse de Saint-Jean-de-Ferrières, avec tous ses droits et appartenances mentionnés au présent acte, pour le prix de dix écus d'or du coin de France de bon et loyal poids, un écu d'or pour vingt-deux sols six deniers tournois (3). » Bertrand Guitard, notaire de Ganges.

1451 et le 4 février. « Les héritiers des susdits Térondel, Pierre Jean et Guillaumette Térondel, vendent le même mas, jadis appelé Casal, à Guillaumette Julian, Barthélemy Granier, Jean Garonne et à Alaséa Granier, pour le prix de deux cent trente sept livres tournois comptés valant trois cents moutons d'or du coin (4). » Acte passé par Jean Deleuze, notaire de Ganges.

(1) C'est à dire exempt de droits seigneuriaux.

(2) Grosse sur parchemin au pouvoir de Viala, de Ferrières, cotée n° 10.

(3) Grosse sur parchemin au pouvoir de Viala, de Ferrières, cotée n° 11.

(4) Grosse sur parchemin au pouvoir de Viala, de Ferrières, coté n° 13.

1648 et le 13 juin. Reconnaissance féodale, concernant « une jasse ruynée appelée le mas et debois
des *Pouzancres* », consentie à « noble Louis Durant,
sieur de Cabrières, seigneur de Ferrières, juge de
la ville et baronnye de Sauve (1). » Jacques Declaris,
notaire.

IV. Mas de la Boyssière. — « En 1272, Guillaume
Armand, fils de feu autre, a vendu à Pons Daudemarés, quatre sols melgoires de cense qu'il tient de
sa directe pour un sien honneur (seigneurie) appelé
Cazalsequiè et douze deniers tournois de cense
annuelle qu'il a sur un honneur qu'il tient aussi de
lui en la paroisse de Ferrières, confronte, d'une
part, honneur du mas des *Pauses,* d'autre part,
terres de Jean Flandrin, honneur dudit acheteur
du mas de *Leuze* et ledit honneur est appelé de la
Boyssière.

» Plus lui a vendu tout ce qu'il a de droit touchant les quatre sols melgoires qu'il peut avoir sur
les susdits honneurs de *Cazalsequiè* et de la *Boyssière* et que pourtant ledit vendeur ait sa directe sur
icelles (2). » Acte reçu par M⁰ Bernard Fabre,
notaire de Sauve.

Des vestiges de ce vieux mas existent dans le
devois indivis, avec Mᵐᵉ Stœssel et M. Cabane, au
sud-ouest de la terre dite de la Boyssière.

(1) Archives de la mairie.
(2) Grosse sur parchemin au pouvoir de Vial., de Ferrières.

V. Mas des Pauses. — En 1269 et le 5 mai, Pierre Posancres, vend à Bernard Daudemarés le mas des Pauses.

Dans une reconnaissance concernant l'indivis de Monier, entre les hans (habitants) de Ferrières, il est question de Raymond, des Pauses (1) Pierre..., notaire.

1410 et le dernier mars. Durant, de Ganges, baille à Barthélemy Granier, de Ferrières, un sien mas appelé de « las *Pauses* », soubs l'usage d'un cétier avoine (2).

1506 et le 20 janvier. « Guillaume et Jean Garnier, frères, de la paroisse de Saint-Jean-de-Ferrières, ont recogneu à Firmin Durant, bourgeoix, de Sauve, conseigneur de Gajans, la moitié de deux mas situés en ladite paroisse..... L'autre mas est appelé de las *Pauses*, confronte terres qu'ont esté jadis de Pons Noalhac et à présent par l'acquisition faitte par les prédécesseurs desdits Garnier et Garonne, terre qu'ont esté jadis de Pons de Leuze et à présent desdits recognaissans et d'André Garonne, autres terres de las Pauzes et terres d'Estienne Noalhac, baillées à nouvel achet aux prédécesseurs dudit Noalhac par Hugues Raymond..... et ont fait hommage genoux à terre, mains jointes et mises entre les mains dudit Durant, teste découverte (3). » Acte reçu par Declaris, notaire.

(1) Archives de la mairie.
(2) Archives de la mairie.
(3) Archives de la mairie.

Les ruines de ce mas sont situées à 300 mètres environ au sud de celles de la Boyssière.

VI. Mas de Cornayret. — Dans un acte de vente de 1375, il est question de Marguerite, de Cornayret.

1506. Reconnaissance féodale consentie au seigneur de Ferrières par Issalin dans laquelle « la maison de Martin, de Cornayret » est rappelée pour confront.

1541 et le 1er août. Anthoine de Vézenobres, seigneur de Ferrières, donne à « achaipt » de censives à Guillaume Bruguière, de Cazenove, paroisse de Lauret, le mas de *Cornayret*. La même année, Bruguière le vend au seigneur de Rouet (1).

Ce mas a dû être très important, si on en juge par ses ruines, qui sont situées sur les limites des propriétés des Jasses et du Poux, au lieu dit les Frigères.

VII. Mas de Fournel. — « En l'an 1340, Guillaume Azemar a recogneu au seigneur de Ferrières une maison dans la paroisse de Ferrières et au mas de *Fournel* et confronte comme va le chemin jusqu'à une croix. »

« La dite maison a été aussi recogneu au seigneur de Ferrières par Bernard Nogaliat en 1447, soubs l'usage de dix deniers. »

(1) Archives de la mairie.

1376. Autre reconnaissance féodale consentie au seigneur de Ferrières par Bernard pour une maison à *Fournel* avec toutes ses appartenances, savoir : une terre au lieu appelé le Vigné, terre al lac Major, camp Arnaud, deves Migé, l'aire se joignant avec le pallier, Campredon, l'aire.... Acte reçu par Pierre Bruguière, notaire de Sauve.

1386 et le 24 avril. Hommage rendu au roi par le seigneur de Murles pour la métairie de *Fournel* et la terre du Viala.

1540 et le 20 septembre. Le seigneur de Ferrières, Antoine de Vézenobres, vend à noble Jean de Montlaur, seigneur de Murles, toutes les directes et annuelles censives, seigneurie et tous autres droits seigneuriaux que ledit de Vézenobres a sur le mas appelé de *Fournel*, lequel est assis dans la paroisse de Ferrières, moyennant la somme de dix écus d'or.

1590 et le 6 novembre. François de Montlaur, seigneur et baron de Murles, vend la métairie de *Fournel* à François de Roquefeuil, seigneur de Londres et autres places (1).

VIII. Mas du Patrou. — L'ancien mas « del Patrou », du domaine de Baumes, est désigné comme suit dans le compoix de 1657 :

_____

(1) Les ruines de l'ancien mas de Fournel, du domaine du mas de Murles, qu'il ne faut pas confondre avec la bergerie de Plat Fournel, sont situées au nord du bois appelé le *Saut du loup*.

« Le mas et devès del *Patrou*, ayant maison et jasse, terres laborives au milieu, confronte le tout la vigne, devès de soy mesme, terres et devès de Baumes et des Boissières ; du couchant, Reymond Granier ; du midy, soy mesme (marquis de Roquefeuil), pour les terres qu'il a acquis de Massalet ; du nord, Claude Granier et le baron de Ganges pour les terres de la Caumette et les terres de la Lause, muraille entre deux faisant limite de Pompignan à Ferrières. »

IX. Mas Rouviere. — Au ténement du mas Rouvière, il existe les traces d'un ancien mas.

X Mas Bauniol. — Au-dessus du moulin de Gorniés et au nord, immédiatement sur le plateau, il existe des ruines d'un ancien mas désigné dans les anciens compoix sous le nom de mas *Bauniol*.

« Un devès appelé le mas de Bauniol et Jassettes, confronte du levant et d'aure le sieur de Rouet ; dudit levant, ledit sieur faisant limittes de Rouet et Ferrières ; du midy et couchant, Claude Granier et soy mesme, le passage de Gorniés entre deux. »

XI. Casal de Gally. — Les anciens titres de la mairie mentionnent le nom de Gally ainsi que les ruines du casal de *Gally* ; il est situé au sud-est de la Roubeyrette.

XII Vieux moulins. — L'ancien moulin de *Gorniés*, dont nous avons déjà parlé, était indivis entre les familles Granier.

Nous lisons dans l'ancien compoix : « Un mollin bladié, tirant à un rodet et garny de son escluse, au vallat de *Gorniés*, indivis avec Raimond et Claude Granier, confronte son escluse, le vallat de Gorniés et de tous ses autres parts Raimond Granier. »

Nous avons relevé également la trace de deux autres vieux moulins :

1° Au ruisseau de la font de Coloubrines, à l'endroit où l'ancien chemin de Saint-Hippolyte coupe ledit ruisseau : « Un ténement de terres laborives au-devant de la maison (*Couloubrines*) y ayant un mollin ruiné au pied, confronte du levant et midy soy mesme, chemin au milieu ; du couchant, le vallat de la font, Raymond et Claude Granier ; du nord, le chemin de Saint-Hippolyte à Londres. »

2° Sur le ruisseau de Combe Quintanel. Ce dernier est mentionné dans un ancien titre sous le nom de « vieux moulin de *Cornayret*. »

CHAPITRE IX

Verreries

« La liberté de l'industrie en assure les progrès. »

SOMMAIRE. — I. Verrerie de Baumes. — II. Verrerie de Couloubrines. — III. Verreries foraines des Claparèdes et du Villaret. — IV. Traditions locales.

I. Verrerie de Baumes. — La plus importante et la plus ancienne verrerie de Ferrières est celle de *Baumes*, qui a été exploitée, sans discontinuation, depuis 1436 jusqu'à la Révolution française.

Dans un acte de vente du 17 janvier 1436, que nous avons transcrit au chapitre VII, il est fait mention de cette verrerie dans les termes suivants : « Fait dans la paroisse de Ferrières et dans le mas de *Balmes*, à savoir sur une place publique où avait été construit *le four de la verrerie.* »

Les membres de la famille de La Roque du Villaret et de la Taillade étaient les maîtres de la verrerie de Baumes au XVII° siècle (1). Vers 1710, Antoine de Girard, de Sérignac (2), leur succède dans ladite exploitation et il réside à Baumes jusqu'en 1738, date de son décès.

---

(1) Registres de l'état-civil, années 1685 et suivantes.
(2) Registres de l'état-civil, années 1714, 1724 et 1738.

2/ 171$. *Requêtes et mémoires* (1) de la marquise de la Fare par lesquelles elle expose qu'elle a vendu 1,000 chênes à Antoine de Girard, maître de la verrerie de Baumes, l'une de celles que l'arrêt du conseil d'Etat désigne comme devant être transportées à l'Espérou, et demande que cette translation n'ait lieu qu'après consommation du bois qui lui a été acheté.

1726 et le 16 août. *Ordonnance de l'intendant* (2) faisant droit aux conclusions des précédentes requêtes : « Nous, pour faciliter aux maîtres des verreries de *Rouet, Cazenove* et *Baumes* le moyen de consommer les bois qu'ils ont achettez de la D^e marquise de la Fare et du sieur marquis de Londres, leur permettons, sous le bon plaisir du Roy, d'y continuer leur travail jusqu'au 24 juin 1727.... »

1744 et le 30 juin. *Procès-verbal de visite* (3) des verreries du Bas-Languedoc et des montagnes de l'Espérou et de l'Aigoual par Jean Pitot, procureur du Roy en la réformation des bois de la maîtrise de Quillan et Pierre Souche, procureur du Roy en la maitrise des Eaux et Forêts de Montpellier, commissaires nommés par ordonnance en date du 25 février dernier, contenant des renseignements

(1) Archives de la préfecture, liasse 2760.

(2) Archives de la préfecture, liasse 2763.

(3) Archives de la préfecture, liasse 2763. — De ce procès-verbal, il résulte qu'il y avait trois verreries sur le causse de Cazenove, une au château de Rouet, une à Claret, une à Ferrières.

sur.... la verrerie de *Baumes*, paroisse de Ferrières,
sur le causse de Cazenove, les bois de ce causse
appartenant à la marquise de la Fare, à Alary, de
Péchauroux et au marquis de Londres.

« .... Et le lendemain, 21 du mois d'avril, le sieur
de la Croix étant venu nous joindre à Corconne,
nous en sommes partis à sept heures du matin et
nous a conduit à la verrerie de Baumes, paroisse de
Ferrières, située sur le causse de Cazenove, ledit
causse ayant environ deux lieues de diamètre et
traversant la plaine pour arriver à la verrerie, ledit
sieur La Croix nous a fait voir sur notre main droite
une grande quantité d'arbres chaines (chênes) blancs
de l'âge d'environ *cent cinquante ans* appartenant à
la dame marquise de la Fare et au sieur Alary, de
Péchauroux, et après nous être reposés quelque
temps à la verrerie nous avons parcouru le causse
en différentes parties et nous y avons aussy trouvé
beaucoup d'arbres du même âge et même essence
que les précédents, appartenant pour la plus grande
partie au sieur marquis de Londres, pouvant y en
avoir en tout environ *cinq ou six mille* et ledit
causse nestant éloigné de la ville de Montpellier
que de quatre ou cinq lieues dans un pays fort pier-
reux ; nous avons été visiter le chemin qui conduit
de Pompignan à Montpellier, qui traverse le causse,
et nous avons remarqué qu'il y a une descente extrê-
mement rude appelée le *pas de Peirole* pour aboutir
à la plaine de Valflaunès et qu'il serait difficile
et coûteux de tirer du bois dudit causse pour être

transporté à Montpellier en passant par le pas de Peirole parce qu'il faudrait faire porter le bois à dos de mulet jusqu'au bas de la cote, mais il nous a paru qu'on pourroit racommoder un vieux chemin, qu'il y avoit autrefois du côté de la métairie de Cazenove, par lequel la charrette pourroit descendre, au moyen de quoy il suffiroit de faire porter le bois par des mulets des endroits dudit causse où la charrette pourroit l'aller prendre et faire dans un jour le voyage de Montpellier (1).... »

1744. *Arrêt du conseil d'Etat* (2) déclarant que la nécessité de conserver les arbres qui sont propres pour la construction des navires a donné lieu à deux arrêts du conseil, l'un du 21 septembre 1700 et l'autre du 9 août 1723, desquels il résulte : 1° que les verreries dites de *Patrou*, de *Baumes*, de *Rouët*, de *Ricome* et de *Montels*, ne peuvent subsister plus longtemps dans les lieux où elles sont construites suivant ce qui est plus amplement expliqué dans le procès verbal ; 2° qu'elles peuvent être transportées sur les montagnes de l'Espérou et de l'Aigoual où il y a assez de bois de hêtre pour fournir à leur travail pendant plus de trente ans et même toujours si on observe de faire couper les arbres par expurgade ou éclaircissement.

(1) MM. de Giraud de la Plane et de La Roque de Couloubrines étaient, à cette époque, les maîtres de la verrerie de Baumes.

(2) Archives de la préfecture, liasse 2763.

1745-1746. *Supplique* (1) par laquelle MM. de La Roque et Cⁱᵒ, maîtres de la verrerie de *Baumes*, et de Vallongues et Cⁱᵉ, maîtres de la verrerie de Ricome, où ils exposent qu'on peut sans crainte de manquer de bois de chauffage, les laisser exploiter leurs usines dans les lieux où elles sont établies et demandent une indemnité pour le cas où on les forcerait à porter ailleurs ces établissements :

« En l'état présent les maîtres des verreries font couper et charrier leur bois pendant les six mois qu'ils ne travaillent point ; ils ont l'œil sur ceux qu'ils employent à cet uzage et ils prennent leur temps et les saisons convenables ; mais en supposant le transport des verreries sur l'Espérou et l'Aigoual quel temps pourront-ils prendre pour la coupe et le transport du bois ? ce ne pourra pas estre pendant l'hiver, ny le printemps, ny pendant la plus grande partie de l'automne, puisqu'alors ces montagnes sont couvertes de neige, ce ne sera donc que pendant l'été et les quinze premiers jours de septembre, c'est-à-dire pendant le fort du travail des verreries dans le tems que les bucherons sont occupés aux moissons et que les bestiaux y sont employés.

»…. Une raison qui s'oppose à ce changement est prise des grands frais que les suppliants auroient à faire pour la construction des batiments et de tous les accessoires d'une verrerie dans les nouveaux

(1) Archives de la préfecture, liasse 2764.

endroits où on voudroit les placer ; une somme de cinq mille livres ne suffiroit pas pour chaque verrerie. »

1746 et le 6 février. *Délibération* de la communauté de Ferrières (1) qui demande qu'il ne soit pas donné suite à l'arrêt du conseil d'Etat et de l'ordonnance de M. l'intendant concernant la démolition de la verrerie de Baumes et de Ricome, « sous prétexte qu'il manque de bois pour le service de Sa Majeté et pour le chauffage des villes de Montpellier et Nismes.... »

« L'assemblée ayant ouï la proposition dudit sieur Granier, consul, et considérant combien la démolition des verreries de Baumes et Ricome seroit préjudiciable aux gros contribuables de cette communauté par la difficulté qu'ils auroient de vendre leurs bois, étant trop éloignés des villes de Montpellier et Nismes pour les y faire porter, a unanimement délibéré que le sieur Consul se joindroit à ceux des autres communautés qui se ' ouvent dans le même cas à l'effet de se pourvoir incessamment par devant Nosseigneurs les commissaires du Roy des Etats, et partout ailleurs où besoin sera, pour faire les représentations et demandes nécessaires, en conformité des raisons dont lesdits sieurs consuls ont été instruits, promettant d'agréer tout ce quy sera par eux fait à cette occasion et ont signé ceux qui ont sçu faire. » Joseph Viala, procureur juridic-

_____

(1) Archives de la mairie.

tionnel ; Granier, consul ; Reboul, Cabane, Viala, Granier pour le greffier, Prunet, signés.

M. *de la Pijardière* (1) mentionne peu de temps après « une verrerie située au lieu de Baumes, paroisse de Ferrières, exploitée par le sieur de la Roque et le sieur Jérome de la Roque,son fils ayné.»

L'industrie du verre semble àvoir été un monopole exploité par la famille de la Roque dans cette partie des Cévennes. En 1744 la verrerie du Patrou, paroisse de Brouzet appartenait à Fulcrand et Jacques de la Roque frères ; M. de la Roque de Mazel était maître de la verrerie du Coulet en 1746. Jacques de la Roque la Croix était syndic des gentilshommes verriers en 1769. MM. de la Roque de Baumes père et fils présentent en 1786 un placet à l'intendant de la province pour établir à Cette une verrerie alimentée par le charbon de terre. Le secret de cette fabrication avait été découvert en 1766 par M. des Isnard.

Enfin le 10 février 1788 MM. de la Roque de Baumes faisaient valoir la verrerie du Valat de Trévezels sur la montagne de l'Espérou (2).

II. Verrerie de Couloubrines. — La verrerie de *Couloubrines*, qui a dû être très importante, si on en juge par la tradition et les débris considérables que l'on trouve autour de ses ruines, ne fonc-

(1) Chroniques du Languedoc.
(2) V. l'Inventaire des Archives départementales de l'Hérault.

tionnait plus, croyons-nous, depuis fort longtemps,
du moins aucun titre n'a pu nous donner des indi-
cations sur l'époque où elle était exploitée.

**III. Verreries foraines des Claparèdes et du
Villaret** — Vers la fin du XVII° siècle et au commencement du XVIII°, il existait des verreries à
Montguilhem, propriété des Roquefeuil-La Roque
et dans les deux localités foraines des *Claparèdes* et
du *Villaret.*

IV. Traditions locales. — L'établissement des
verreries du Causse est dû à l'abondance des bois
qui existaient dans la région. C'est dans la première
moitié du XVIII° siècle que remontent les traditions
locales qui disent : — *celle de Londres* -- qu'on pouvait parcourir tout le Causse d'un chêne à l'autre
sans descendre à terre, et -- *celle de Ferrières* --
aller dudit Causse à Saint-Bauzille-de-Putois dans
les mêmes conditions. Les verreries étaient le mode
le plus naturel et le plus facile de tirer parti de ces
richesses forestières.

CHAPITRE X

Événements remarquables

> « Otons ces mots de Huguenot et de Papiste ;
> ce sont des noms de parti et de sédition ; ne
> changeons pas ce beau nom de chrétien. »

SOMMAIRE. — I. Passage des Camisards à Ferrières. — II. Bataille de Pompignan. — III. Reconstitution du presby·tère. — IV. Réparations à l'église. — V. Procès entre le prieur et la communauté.

I. Passage des Camisards à Ferrières. — Lors de la guerre des *Camisards* (1), provoquée par la révocation de l'édit de Nantes (18 octobre 1685), il passa à Ferrières, le 6 mars 1703, une bande de révoltés « *au nombre de tresze cens hommes* », venant du côté de la Vernède, le Logis du Bosc (2) et le Poux, qui « brullèrent l'église et maison clos·trale, pillèrent les maisons des habitans et tuèrent cinq hommes au devant de l'église », savoir :

« *Raymond Reboul*, travailleur, tué par les Cami-sars, le 6 mars 1703, enseveli par son fils, Jean Reboul et par sa fame, toute la paroisse ayant abandonné les maisons.

(1) On donnait, sous Louis XIV, les noms de Camisards aux insurgés protestants des Cévennes qui portaient sur leurs habits, en signe de ralliement, une blouse en toile blanche ou grise *(camisa)*.

(2) Au *Logis du Bosc*, les Camisards tuèrent trois muletiers de Saint-Martin-de-Londres.

» *Jean Souche*, berger de Louis Viala, résidant à Saint-Bausile, aagé de septante ans, tué par les mesmes Camisars et enseveli par les enfants du lieu.

» *Antoine Payrole*, berger du mesme Viala, natif du lieu de Lauret, diocèse de Montpellier, aagé de vingt ans, tué et enseveli de mesme.

» *Claude Coste*, du lieu de Pompignan, portant un sac de pots (peaux) de lièvre pour vandre, tué et et enseveli de mesme.

» Un valet d'un capitaine de Gignac, nommé *Coste*, tué par les mesmes Camisars et enseveli par les enfants et valets, de quoy nous attestons, François de Girard, Sr de Lacrois, Louis Viala, Jean Cabane, Jean Reboul et moy Antoine Ayvinhac, prieur du lieu, ce cinq mars 1706 (1). »

II. Bataille de Pompignan. — Le même jour (6 mars 1703), l'armée des Camisards fut battue à Pompignan (Gard). Voici à ce sujet la lettre du maréchal de *Montrevel* au ministre de la guerre (2) :

« Ce n'était pas sans raison, Monsieur, ni sans nécessité que je me suis porté dans ce canton-cy avec diligence, après que j'ay eu fait à Alais les exemples dont j'ay eu l'honneur de vous informer ;

(1) Archives de la mairie, registre de l'état-civil, année 1706. — La tradition dit qu'il y a des Camisards enterrés, dans la plaine des Claparèdes, à l'endroit où la draye de Cabal Mort sort des bois de Ferrières.

(2) Dépôt de la guerre, vol. 1707, page 121.

car tout le pays était en alarme de plusieurs troupes de rebelles qui y commettaient de grands désordres, et surtout d'une dernière qui, suivant tous les
avis, s'était grossie au nombre de quinze à seize
cents hommes.

» Deux heures après mon arrivée à Saint-Hippolyte, je fus averti que cette troupe avoit paru aux
environs de *Ferrières* qui n'en est éloigné que de
deux lieues environ et qu'elle devait aller brûler
Pompignan.

» Comme cela était devenu public, et que tout le
pays est absolument pour eux, je crus que j'aurais
peine à les faire joindre à moins de les amuser par
les avis que je devais me porter ailleurs le lendemain pour quelque autre expédition. Ce qui me
réussit comme je me l'étois proposé. Car ayant cru
que j'allois du costé du Vigan, ils continuèrent
leur projet et allèrent mettre le feu à Pompignan(1);
mais à l'heure qu'ils y pensoient le moins, je char-
geay Monsieur de Paratte de les attaquer d'un costé
avec le régiment des dragons de Firmacon et quelques compagnies de grenadiers, pendant que Monsieur de Bombelles avec les troupes de la Marine
et les miquelets les attaquèrent de l'autre. Cela
interrompit leur incendie et les obligea de se séparer, en sorte que la plus grande partie de ces rebelles fut passée au fil de l'épée; Monsieur de Guichard,

(1) Ils y tuèrent sept habitants. — Le 26 janvier précédent,
les Camisards avaient incendié l'église et assassiné le vicaire.

lieutenant-colonel du régiment de Menou, que j'avois envoyé pour les prendre par derrière avec un gros détachement, attaqua ceux qui se retiraient par la montagne et en tua beaucoup.

» Je détachoy aussi, Monsieur de la Haye, commandant à Saint-Hippolyte avec cent hommes et cinquante dragons pour les aller couper dans leur fuite ; il exécuta si bien son ordre qu'il en tua plusieurs aussi et obligea les autres à regagner les plus hautes montagnes....

» Par l'état de ce qui m'est rapporté, il faut qu'il y en ayt eu plus de quatre cents tués sur la place (1)...

» Au Vigan, le 9ᵉ mars 1703.

III. Reconstruction du presbytère. — «... La maison claustrale dudit Ferrières ayant esté entièrement brullée et ruinée par les phanatiques, ledit prieur curé dudit lieu avoit esté obligé de rester la plus part du temps au lieu de Londres, ne pouvant loger à Ferrières à cause du peu du nombre d'hans (habitants), qu'il y a ou de la raretté des logements.... »

« Le 15 janvier 1713, le conseil général de la communauté présente requette à Monseigneur l'intendant « pour le supplier ordonner que le devès

---

(1) L'armée des Camisards était commandée par Ravanel et par Catinat. — « M. le maréchal est tombé sur une petite troupe de rebelles », écrit Fléchier, le 10 mars. « Il en est demeuré plus de 500 sur la place. »

sera publié et affiché tant à la porte des églizes paroissielles de tous les lieux les plus circonvoisins, comme aussi de passer le bail de ladite réparation. »

1714 et le 10 janvier. « Veu la requeste, notre ordonnance, les publications et la dernière offre de Nadal, maçon de Pompignan, à 800 livres, nous permettons aux suppliants de passer bail audit Nadal, dernier moins disant des réparations à faire à la maison presbytérale, pour la somme de 800 livres, laquelle nous permettons d'emprunter (1).

» DE LAMOIGNON. »

IV. Réparations à l'église et achats d'orne·ments. — « En mil sept cent quinze, les habitants de Ferrières ont fait réparer la maison presbitérale brûlée par les Camisards, en mil sept cent trois, y ayant été contraints par ordonnance de Monseigneur l'intendant.

« En mil sept cent dix-huit, je soussigné, prieur, j'ay commencé de faire réparer l'église et d'achepter les ornements nécessaires pour pouvoir célébrer avec décence les offices divins ; le douze du mois de may, mil sept cent douze, jour de ma mise de possession de ladite église de Ferrières, je n'y trouvai que les quatre murailles, le tout ayant été brullé par les Camisards, le six du mois de mars, mil sept cent trois, lesquels ornements que j'ay fait

(1) Archives de la mairie.

faire sont trois chasubles, l'une de damas blanc et
rouge, la seconde de soye et l'autre de légature
doublée d'un tafetas noir pour dire la messe pour
les morts, deux aubes, deux corporaux, un marche-
pied pour l'autel, un devant d'autel de cuir doré
que j'ay fait venir d'Avignon avec son cadre, un
tabernacle que j'ay achepté à Montpellier, qui
couste nonante livres, deux chandeliers du louton
(laiton), un tapis pour l'autel, une lampe, un désha-
biloir à la sacristie pour y mettre les ornements, un
encensoir, un missel et les cartes du canon ou autrement les registres : tous les susdits meubles et
ornements ont été acheptés par moy prieur soussignés, ce vingt-deux juin mil sept cent dix huit (1).
Unal, prieur. »

**V. Procès entre le prieur et la communau-
té.** — Messire Laurent Unal, prieur, ayant adressé
une requête à Monseigneur l'Intendant pour deman-
der que la communauté fût tenue de lui faire cons-
truire une citerne et exécuter diverses réparations
a la maison « claustrale » obtint une ordonnance
signifiée au consul portant que la communauté
s'assemblerait dans la huitaine pour délibérer.

1755 et le 8 avril. Les habitants du lieu convo-
qués par le sieur Viala, consul, expliquent : « qu'il
y a méprise de la part du procureur lorsqu'il expose
qu'il est éloigné à trois quarts de lieux de l'eau,

(1) Archives de la mairie, registres de l'état-civil.

tandis que la communauté est en état de prouver qu'il n'est qu'à cent toises de la première fontaine située au-dessus du pré appartenant à sa dominicature et que de cette fontaine à une autre qu'il y a encore au-dessous il n'y a que cent toises.... ; que cette demande est plutôt par caprice que par nécessité.... ; que ledit prieur, qui jouit d'un bénéfice qui vaut autour de 1800 livres de rente, voudrait cette citerne non pour son usage personnel, qui est bien peu de chose, mais bien pour arroser plusieurs plantations qu'il a faites derrière la maison claustrale.... »

1755 et le 20 mai. Ordonnance du subdélégué au département d'Alais qui nomme d'office le sieur Vidal, ingénieur, « pour procéder à la vérification de la fontaine, dont il s'agit, située au pied de la montagne, pour en rapporter l'état, comme aussi si elle est pérenne et s'il convient d'y faire quelques réparations.... »

1755 et le 26 août. Dans son rapport, Vidal conclut : 1° qu'il convient de faire « une citerne et un citerneau qui recevra en premier lieu les eaux où elles se clarifieront ; 2° de refaire le four et il dit « qu'il n'en coûtera pas davantage de le transporter ailleurs et enfin, 3° il termine par le détail des réparations qu'il conviendrait de faire à la maison « curialle. »

Ces diverses réparations, si elles avaient été toutes exécutées, se seraient élevées à la somme de 3,000 livres environ

1755 et le 17 octobre Requête de la communauté
demandant la cassation du rapport.

« Le premier moyen de cassation est pris de ce
que le sieur Vidal n'a pas prêté serment. ...

» Le deuxième moyen est pris de ce que le sieur
Vidal a mangé et logé chez l'adversaire....

» Le troisième moyen est pris de ce que le sieur
Vidal ne s'est pas conformé à l'ordonnance qui
contient sa commission.... »

Pendant ce temps, un second devis, moins oné-
reux pour la communauté, fut dressé par ledit
Vidal ; en outre ;à la veille de plaider, le prieur
ayant déclaré qu'il payerait la moitié de la dépense
concernant la construction de la citerne, un accord
intervint entre les parties.

1755 et le 2 novembre. Ordonnance du subdélégué de l'intendant de Languedoc qui ordonne de
passer bail pour les diverses réparations à faire à la
maison « curiale. » Montant de la dépense, 630 livres.

Ainsi se termina, à la satisfaction de tous, ce
dissentiment très vif qui avait éclaté entre le prieur
et la communauté (1).

_____

(1) Toutes les pièces concernant ce procès se trouvent à la
mairie de Ferrières.

CHAPITRE XI

Généalogies

SOMMAIRE. — I. Famille de la Roque de Couloubrines. — II Famille Cabane. — III. Famille Viala. — IV. Familles Granier et de Girard.

I. Famille de la Roque de Couloubrines.—Les armes portées par la famille de La Roque, sont, selon le Nobiliaire de la province de Languedoc et les « Mémoires généalogiques » de M. le marquis d'Aubais :

D'azur, à deux rochers d'argent posés en fasce.

La branche des anciens seigneurs de Saint-Bauzille-de-Putois, porte :

Sur un champ d'or, un abîme de gueules (c'est-à-dire : un cœur enflammé) auquel sont attachées deux pommes de pin de sinople, par un cordon de gueules; au chef cousu d'argent chargé de trois mouches à miel de sable.

La famille a pour devise : *Adversis duro.* (Je résiste à l'adversisté).

L'auteur du Mémoire généalogique imprimé en '1780 (1), dit que les descendants de Guillaume de Montpellier et d'Agnès d'Aragon, portèrent le

(1) Dissertation généalogique pour servir de supplément à l'Histoire de la ville de Montpellier. Br. in 4° de 18 pages, s. d.

nom de Montpellier jusqu'à ce qu'ils eurent perdu l'espoir de rentrer dans cette seigneurie et qu'alors ils substituèrent le nom de la Roque à celui de Montpellier.

L'auteur de cette légende n'oublie ou plutôt n'ignore qu'une chose, c'est que bien avant les évènements auxquels il fait allusion, le château de la Roque avait des seigneurs dont on peut suivre la filiation à l'aide des hommages conservés dans « l'Histoire de Languedoc », dans les registres de la Cour des Comptes de Montpellier ou de la Cour du Sénéchal de Nimes et de Beaucaire, jusqu'au moment où le château de La Roque passa dans la maison de Roquefeuil, vers le milieu du XVI° siècle.

Voici, d'après les sources indiquées ci-dessus et les archives du prieuré de La Roque, comment s'établit cette filiation :

Hugues de la Roque épousa vers 1090 Guillemette, fille de Raymond-Bernard, vicomte de Nimes et d'Alby, veuve de Pierre Aton.

Raymond-Bernard de la Roque et Guillaume son frère, moyennèrent un accord entre Raymond comte de Barcelone et Bernard Aton vicomte de Nimes et de Béziers en 1112.

Raymond de la Roque comparaît dans un traité entre Béranger-Raymond, comte de Provence et Guillaume, seigneur de Montpellier, touchant le comté de Mauguio en 1132 (1).

_____

(1) Histoire de Languedoc, t II, p. 285, 382, 467, 467, 579.

Annet de la Roque, qualifié chevalier (*Miles*), vivait en 1210 et rendit hommage au roi pour le château de la Roque de Ganges ; Guigon, rendit le même hommage en 1230 ; Jean de la Roque était seigneur de la Roque en 1254 et eut pour successeur Aynier vivant en 1270 et Frédol vivant en 1293.

Frédol, seigneur de la Roque, rendit hommage au roi en 1293 pour les biens qu'il possédait dans le territoire de la Roque et de Saint-Bauzile-de-Putois.

Raymond de la Roque rendit hommage à l'évêque de Maguelone, en 1303 (l'évêque était seigneur de la baillie de Sauve et de la val de Montferrand, depuis l'échange qu'il avait fait en 1292 d'une partie de la seigneurie de Montpellier avec le roi de France), pour les biens qu'il possédait dans la juridiction de la Roque, Saint-Bauzile-de-Putois et la Cadière. Il testa le 10 avril 1341 en faveur de son fils mineur Guillaume.

Jehanne, veuve de Raymond de la Roque, rendit hommage pour son fils Guillaume, mineur, en 1342, à l'évêque Arnaud de Verdale pour les biens mentionnés ci-dessus.

Guillaume de la Roque, seigneur de la Roque, rendit hommage en 1372 ; il eut pour fils Jean, qui fut père d'autre Jean et de Raimond.

Jean de la Roque eut pour fils Firmin, qui épousa en 1426 l'héritière de Couloubrines ; Raymond son frère aîné fut l'aïeul de Jean de la Roque, seigneur

de la Roque qui eut un long procès devant le Sénéchal de Nimes en 1534, avec les habitants de la
commune de la Roque (1). Il épousa en 1500 Marguerite de Béringuier de Montmaton, issue d'une
ancienne famille noble du Rouergue. Leur postérité
connue sous le nom de la Roque de Puechredon et
de la Cadière dans les Cévennes, de Fontiès dans
l'Aude, a été maintenue noble en 1669, par jugement de M. de Bezons.

Jean de la Roque vendit la seigneurie de la Roque
à la maison de Roquefeuil et sa veuve fit dona-
tion à la commune d'un bois qu'elle possède encore
connu sous le nom de bois de Montmaton ou
Montmeton (2).

Firmin de la Roque épousa en 1426 l'héritière de
Pons de Couloubrines. La maison de Pons de Couloubrines avait été très considérable autrefois et
l'était encore de ce temps-là.

Il existe un hommage rendu au roi par un Pons de
Couloubrines, vivant en 1277, que nous allons
transcrire mot à mot :

« L'an du seigneur 1277, le 8e devant les ides (3)
de mars, je Raymond de Pons confesse en vérité
reconnaître à M. le Sénéchal de Beaucaire au nom
que dessus, que je tiens du seigneur Roi la douzième

(1) Archives du prieuré de la Roque.
(2) Compromis de la commune de la Roque aux archives de la
mairie.
(3) *Ides*. le 15e de mars, mai, juillet et octobre dans le
calendrier des anciens Romains et le 13e jour des autres mois.

partie par indivis de toute la juridiction et domaine
du château de Garon et de son tènement et du
château et tènement de Ners et tout ce que j'ai au
terroir dudit lieu, à l'occasion de la douzième partie ; item, tous les domaines et possessions que
M. Pierre de Pons, mon père, a acheté d'Hugon
d'Aygalières auxdits lieux ; item, tout ce que j'ai
au fief de *Lèques*, au mas de *Couloubrines* et au
mas de *Villarel*, pour tous lesquels je fais albergue
au seigneur Roi six soldats et la quatrième partie
d'un soldat et en ma personne, une cavalque accoutumée qui sera achetée aux dépens du roi en y
allant et retournant, et aux hommes desdits lieux
aux dépens des susdits, et pour les choses susdites;
je promets et jure fidélité au seigneur roi et aux
siens.

» Cette reconnaissance a reçu M. le Sénéchal de
Beaucaire, sauf le droit du seigneur Roi et d'autrui,
M. Bernard de Valence, M. Bertrand d'Aygremont,
Pierre de Maleux, Pierre d'Aygalières, M. Pierre
de Servières (témoins), M. d'Asport, Juge-Mage. »

1224. Sommaire à prinse (prise) devant Duchamp,
notaire, d'autorité de M. le Sénéchal de Nismes,
d'un vu et touché d'un acte de 1224 du 7 des ides de
novembre entre Pierre de Pons d'une part et d'Hugon d'Aquiteria et de sa femme d'autre, qui promet-
tent au comte de Toulouse de lui payer albergue
pour les fiefs qui relèvent de lui.

1346, le 16 février. Vente faite à Pons de Coloubrines par Bernard de Balmis.

8

1385, le 26 octobre. Louis de Pons de Couloubrines donne la moitié de ses biens à Bertrand de
Pons, son fils, qui doit épouser Hermessinde, fille
de Bernard d'Albert d'Anduze.

On ignore s'il y eut de ce mariage d'autres enfants
que Marguerite qui fut mariée avec Firmin de La
Roque l'année 1426. Le jugement de noblesse rendu
en Languedoc par M. de Bezons, remonte jusqu'au
testament de cette Marguerite l'an 1472.

Firmin de La Roque était fils de Jean de La
Roque qui hommagea l'année 1391 La Roque-
Aynier, Saint-Bauzille-de-Putois, etc.

Jean donna à Firmin, son fils, à l'occasion de son
mariage avec Marguerite de Pons de *Couloubrines*
et du *Villaret*, quarante marcs d'argent pur et
tous les droits qu'il avait eu de la succession de
Raymond-Guillaume, viguier de Sauve et seigneur
de Ferrières, son oncle paternel et il veut que
Firmin ne puisse plus rien prétendre sur ses autres
biens.

Firmin de La Roque eut un fils nommé Etienne,
qui hommagea le mas de Couloubrines en 1467.

Etienne eut un fils nommé Thomas ; Thomas eut
un fils nommé Louis, qui épousa, le 29 janvier 1547,
demoiselle Jeanne Icher, fille de noble Bernard
Icher, co-seigneur de Soubès et de la Bastide ; il y
eut plusieurs enfants de ce mariage, savoir : Claude, Gabrielle, Marthe, Antoine. Pierre et Jean.
Cette dame Icher fit son testament le 14 septembre
1587 et institua Antoine son héritier.

Antoine de la Roque, seigneur de Couloubrines et du Villaret, épousa demoiselle Anne de Roquefeuil de Londres ; il n'y eut aucun enfant de ce mariage.

Antoine fit son testament l'année 1611 et institua pour son héritier Jean de la Roque, son frère.

Jean de la Roque, capitaine dans l'armée du duc de Rohan, se maria le 16 mars 1602 avec demoiselle Françoise de Valobscure, fille de noble Jean de Valobscure et de demoiselle Françoise de Bornier.

Il y eut quatre enfants de ce mariage : François, Isaac ; Espérance et Jacquette.

Isaac se maria le 31 décembre 1663 avec demoiselle de Teissier ; il eut un fils nommé Jean, maintenu dans sa noblesse par jugement de M. de Lamoignon du 4 juillet 1692, sur la présentation du jugement de M. de Bezons, obtenu le 8 juillet 1669 par son cousin germain Pierre de la Roque seigneur de Liouc. François fut l'auteur de la branche de Baumes, éteinte dans les mâles, en la personne de M. de la Roque, décédé à Riga, en Russie, vers le commencement de l'Empire. Il avait épousé à Montpellier Mᵉˡˡᵉ Le Blanc de Saint-Clément. Une de ses deux filles épousa M. Le Roy de Lisa, dont le fils, inspecteur de la Banque de France, vendit le domaine de Baumes à M. Mourgues, banquier, à Montpellier, vers 1860.

Jean se maria, en 1701, avec demoiselle Marie-Anne de Girard, de Ferrières, dont il eut :

1702, François ; 1707, Jean, décédé la même année de sa naissance ; 1708, Isabeau ; 1711, Marie

Anne, religieuse de la congrégation de l'Enfant Jésus, décédée en 1743, et ensevelie dans l'église de Ferrières ; 1713, *Louis* ; 1716, Benoit ; 1718, Pierre.

1713-1782. Louis de la Roque, épousa, le 30 septembre 1749, Catherine Teulon, du mas de Bizard, dont il eut : *Louis* et *Marie-Anne.* En 1753, Louis étant veuf épousa Marie-Anne Voisin ; de ce second mariage naquit : 1758, *Catherine Victoire* ; 1762, Rosalie, décédée en 1765.

Marie-Anne épousa, en 1779, Jean Castel de la paroisse de Pompignan et en secondes noces, en 1780, François Bois, de Saint-Bauzille-de-Putois.

Louis de la Roque, héritier de son oncle maternel, alla s'établir au mas de Bizard, paroisse de Saint-Drézéry.

Catherine-Victoire de la Roque, mentionnée plus haut épousa, le 2 février 1783, noble Victor de la Roque d'Arbousse, de la paroisse de Clapiers, diocèse de Vabre ; les mariés héritèrent d'une partie de Couloubrines ; leurs enfants furent : 1783, Jean-Antoine, décédé en 1784 ; 1785, Marie Anne ; 1787, Jean-Baptiste, décédé en 1788 ; 1790, Marie-Adélaïde ; 1793, Rosalie.

La branche de la maison de la Roque d'Arbousse est sortie de la maison de Couloubrines l'an 1553.

Le mas de Couloubrines a toujours été possédé et habité par les la Roque de père en fils depuis 1426 jusqu'à la fin du XVIII° siècle ; mais comme tout dans ce monde est sujet à des révolutions inévitables, cette famille depuis ce temps-là n'habite plus Ferrières et Couloubrines, ce foyer jadis si animé, est aujourd'hui en ruines et totalement abandonné.

II. Famille Cabane. — La famille Cabane est une des plus anciennes familles de Ferrières ; son origine remonte, pour le moins, au commencement du XIV⁰ siècle. C'est ce que prouvent les titres que nous allons mentionner.

1323, le 7 des kalendes (1) de février. Guillau·mette, femme de Raymond Balmes et Guillaumette, sa mère, de la paroisse de Pompignan, firent une vente à Pierre Deleuze, de la paroisse de Ferrières, dans laquelle Pierre Cabane, *au nom de sa femme*, est rappelé pour confronts. M⁰ Maynard, notaire. — Tiré d'une grosse en parchemin au pouvoir de Viala, de Ferrières, cotée n⁰ 3.

1328 et le 7 septembre. Raymond Balmes et Guillaumette Claparède, sa femme, baillent en échange, audit Pierre Deleuze, deux pièces de terre situées dans la paroisse de Ferrières. Pierre Cabane, *au nom de sa femme*, est rappelé deux fois pour confronts. M⁰ Temillac, notaire. — Acte au pouvoir dudit Viala, coté n⁰ 4.

1375 et le 13 septembre. Echange entre Marie Amouroux, veuve de Guillaume Amouroux, de Ferrières, fille à feu Guillaume Flandrin, de Ferriè-res et Jean Deleuze, canabassier, de Montpellier.

(1) Kalendes, le premier jour du mois chez les Romains.

Pons Cabane est mentionné douze fois aux con-fronts. Pons Esmeric, notaire. — Acte au pouvoir dudit Viala, coté n° 8.

1377. Acte de vente dans laquelle il est question de Garsende, fille à feu Jean Daudemarès et de Guillaume Cabane mariés. Bourdon, notaire. — Acte sur parchemin, au pouvoir de Viala, coté n° 10.

1436 et le 14 janvier. Noble Michel Falcon et sa mère firent une vente à Bernard Noualhac dans laquelle figure comme témoin Jean Cabane, de Ferrières. Mᵉ Jean Masson, notaire.

1506 et le 26 janvier. Jean-Antoine Cabane, con-sent une reconnaissance féodale à Firmin Duranc, seigneur de Vibrac. Mˢ André de Claris, notaire.

1550 et le 23 avril. Autre reconnaissance féodale à Bernardin Duranc, seigneur de Vibrac, par Ber-nard et Catherine Cabane. Mᵃ Romain Depize, not.

1611 et le 1ᵉʳ septembre. Partage du mas Cabane entre Causse, époux Cabane et Barthélemy Cabane, par Brousse, arpenteur.

Enfin les registres de l'état-civil nous donnent la généalogie suivante :

»	»	Barthélemy Cabane, époux Magde-laine Pioch.
1607	»	Autre Barthélemy Cabane, époux….
1641-1701.		Claude Cabane, époux Constance Verdier, du mas Verdier.
1667-1709.		Jean Cabane, époux Marie Salager, de Pompignan.
1706-1778.		Jacques Cabane, époux Elisabeth Teyseret, de Tourés.

1723-An 11. Antoine Cabane, époux Marie Causse, du Suc.

1763-1846. Autre Antoine Cabane, époux Rose Claparède, de Pompignan.

1792-1864. Jean-Louis Cabane, époux Olivier, de Biranques.

1824-1865. Siméon Cabane, époux Doumergue, de Vacquières.

1859- » Charles Cabane, époux Bargille, de Pompignan.

1881- » Thérèse Cabane.

Comme on le voit par les titres que nous avons cités, les Cabane ont toujours habité Ferrières, de père en fils, depuis le commencement du XIVᵉ siècle jusqu'à nos jours. C'est, croyons-nous, le meilleur titre qu'on puisse présenter pour constater l'ancienneté d'une maison qui date de six siècles.

III. Famille Viala. — Par les femmes, la famille Viala descend des Granier, de Ferrières.

En 1432, Alasie Granier, fille de Barthélemy Granier et de Guillaumette Julian, de Ferrières, a contracté mariage, en seconde noce, avec Jean Garonne de Saint-Martin-de-Compantres (?) diocèse de Maguelone. — Guillaumette Julian, sa mère, lui donne la troisième partie de ses biens et les deux autres parties à Barthélemy et Jean Granier. — Acte sur parchemin au pouvoir de Viala, de Ferrières.

1478 et le 1ᵉʳ juillet. Jean Garonne fait son testament et fait son héritier Guillaume Garonne, son fils.

1506. Reconnaissance féodale consentie à noble Jean de Vézenobres, seigneur de Ferrières, par André et Jean Granier. M⁰ Etienne, notaire de Ganges. — Acte au pouvoir dudit Viala, coté n⁰ 1.

1525, le 10 janvier. Noble Sauveur Duranc, seigneur de Vibrac, de la ville de Sauve, a losé à Jean Garonne, de la paroisse de Ferrières, une terre à luy baillée en échange par Jean Cabane dudit Ferrières. M⁰ Bornier, notaire de Saint-Hippolyte. Acte coté n⁰ 2.

1550. Reconnaissance féodale consentie à noble Bernardin Duranc, seigneur de Vibrac par ledit Jean Garonne. M⁰ Roman Depize, notaire.

1648 et le 13 juin. Autre reconnaissance féodale consentie par Antoine Viala avec hommage de genoux et mains jointes entre les mains de Hercule Duranc, de Vézenobres, seigneur de Ferrières, en signe de fidélité. Jacques Declaris, notaire de Sauve.

Registres de l'état-civil :

» » Louis Viala, épouse, en 1593, Claire Garonne, de Ferrières.

1596-1682. Antoine Viala, époux Louise Ricome, du mas Ricome.

1541-1721. Louis Viala, époux Marguerite Vigié, de Frouzet.

1681-1725. Antoine Viala, époux Marguerite Granier, de Ferrières.

1705-1780. Jean Viala, époux Anne Dusfour, de la Vernède.

1740-1830. Jean-Jacques Viala, époux Marguerite Sérane, d'Argeliers.

1768-1845. Autre Jean-Jacques Viala, époux Françoise Volle, de Corconne.

1806-1870. Autre Jean Jacques Viala, époux Baissade, de Pompignan.

1839 » Rose Viala, épouse Pierre Viala, du Causse-de-la-Selle.

Il y a eu deux filles de ce mariage :

1870 » Louise Viala.

1878 » Marie Viala.

Voilà tout ce que nous avons cru devoir dire au sujet de cette ancienne et très honorable famille ; il serait à souhaiter qu'une meilleure fortune voulût lui rendre au moins une partie des biens et de l'éclat qu'elle a perdus.

IV. Familles Granier et de Girard. — La famille Granier a succédé aux Deleuze, qu'un grand nombre de documents nous montrent existant à Ferrières à partir du milieu du XIII° siècle jusqu'au commencement du XV° (1404) ; mais il nous a été impossible d'établir comment avait eu lieu cette succession.

1410. Barthélemy Granier, époux Guillaumette Jullian.

Il y a eu trois enfants de ce mariage : Barthélemy, Jean et Alasie, épouse Garonne, qui, par testament de 1432, héritèrent par égales parts de leur mère.

1506. Reconnaissance féodale consentie par Guil-
laume et Jean Granier, frères, de la paroisse de
Ferrières, à Firmin Duranc, bourgeois de Sauve.
Declaris, notaire de Sauve.

1506. Autre reconnaissance féodale consentie par
Jean Granier, à noble Jean de Vézenobres, viguier
de Sauve et seigneur de Ferrières. Pierre Martin,
notaire de Ganges.

1550. Autre reconnaissance consentie par Barthélemy Granier, à noble Bernardin Duranc. Declaris, notaire.

1585. Sentence arbitrale concernant Raymond
Granier et Jean Garonne. Jean Devèze, notaire de
Ganges.

Il existait, au XVII⁰ siècle, deux branches de la
famille Granier, à Ferrières, ainsi que le prouvent
l'ancien compoix et les registres de l'état-civil; c'est
par voie de succession, à l'une de ces branches que
la famille de Girard vint s'établir à Ferrières.

Première branche de la famille Granier.

Barthélemy Granier, époux Pioch.
Raymond Granier, époux Pierrette Olivier.
1634-1697. Hercule Granier (1), époux Catherine
　　　　　　Coulette.

(1) « Le 25 apvril 1634 a esté baptisé Hercule Granier, fils de
Raymond et Pierre Ollivière. Son parrin, le seigneur de Ferrières, noble Hercule de Valoscure, viguier de Sauve ; sa
marrinne, noble N... de Valoscure, fille dudit seigneur. » *Etat-
civil.* »

1663 » Jean Granier, époux Marguerite Tibaud.

Il y eut neuf enfants de ce mariage : 1682, Marguerite, épouse Antoine Viala ; 1685, Jean ; 1687, autre Jean ; 1689, Isabeau ; 1698, François, qui hérita de son père de la métairie du Crès, paroisse de Pompignan ; 1700, Anne ; 1702, Thérèse ; Marie et Catherine.

1685 1767. Autre Jean Granier, époux Izabeau Bouvier, de Corconne. Il y eut plusieurs enfants de ce mariage, savoir : 1718, Jean ; 1719, Joseph ; 1721, Benoit-Augustin ; 1722, Jean-Alexis, qui fut curé d'Agonès ; 1724, François ; 1727, Marie ; 1729, Jean-Baptiste ; 1732, Sébastien ; 1735, Thérèse.

1718-1757. Autre Jean Granier, époux Espérance Jac, de Quissac. Il y eut quatre filles de ce mariage : 1748, Marie-Jeanne ; 1750, Elisabeth-Ursule ; 1752, Marie-Espérance ; 1756, Catherine-Henriette.

1750. Ursule Granier hérita de Ferrières et épousa en 1771, son cousin, Georges de Girard, capitaine de cavalerie, seigneur de Conqueirac, brigadier dans les gardes du corps, chevalier de Saint-Louis, natif de Saint-Bauzille-de-Putois. Il y eut quatre enfants de ce mariage : Sébastien, Casimir, Elisabeth, Julie-Adélaïde.

Vers 1770, cette famille alla habiter Sauve ; mais conserva ses biens à Ferrières jusque vers 1830.

Les Granier de Saint-Bauzille-de-Putois et de Pompignan descendent de cette famille ; il leur serait d'ailleurs très facile de faire leur filiation et d'établir une généalogie bien prouvée depuis 1404.

Deuxième branche de la famille Granier.

Claude Granier, fils d'autre Claude Granier, baille, époux Jeanne Ricarde.

1625-1680. Autre Claude Granier, baille, époux Jeanne Fesquette, de Saint-Bauzille-de-Putois.

1655. Marguerite Granier, mariée en 1671, à François de Girard, seigneur de la Croix, de la métairie d'Agrés, paroisse de la Boissière. Il y eut huit enfants de ce mariage ; 1672, Claude ; 1673, Anthoyne ; 1677, Sébastien ; 1679, Isabeau ; 1681, Marie ; 1683, Pierre ; 1686, Marie-Anne, mariée à Jean de la Roque ; 1688, Louis.

1672-1748. Claude de Girard, époux Marie Ricome, du mas Ricome, dont il eut : 1708, Marguerite ; 1709, Marie-Anne ; 1712, Jeanne ; 1715, Louis ; 1717, Elisabeth-Rose ; 1719, Jean-Claude.

1715-1779. Louis de Girard, époux Marguerite Claparède, de Pompignan. Il y eut sept enfants de ce mariage : 1744, Claude ; 1748, Louis ; 1750, Jean-Baptiste ; 1752, Louis ; 1755, Jean-Jacques ; 1757, Louis-Roch ; 1762, Claude. La branche des Girard de Pompignan, de Claret, du Rouquet, de Conqueyrac, descend de cette famille.

La famille de Girard a pour armes : « D'azur, à la tour d'argent à trois donjons maçonnés de sable, au chef cousu de gueules chargé d'une étoile d'or, accostée à dextre d'un lion naissant d'or, à senestre d'un croissant renversé d'argent ».

CONCLUSION

~~~~~~~~~~~~

Tels sont les souvenirs, les traditions qui composent l'*Histoire de Ferrières*. Nous avons voulu les raconter avec la plus scrupuleuse exactitude et sans prétentions d'aucune sorte — nous le répétons, — en nous inspirant uniquement de notre amour du passé.

Nous aurions voulu être plus complet, mais le temps nous a manqué pour consulter, comme nous aurions voulu, certains ouvrages spéciaux qu'on ne trouve que dans les grandes bibliothèques, et compulser plus à fond les archives départementales, qui renferment tant de documents précieux pour l'histoire locale.

Nous nous proposons, plus tard, selon les circonstances et le temps que nos occupations nous laisseront disponible, de compléter notre travail, dont nous ne nous dissimulons ni les imperfections ni les lacunes, en notant tous les renseignements que nous pourrons encore recueillir sur la modeste commune de Ferrières et la région cévenole dont elle fait partie.

FIN.

Additions et Pièces justificatives

L'Eglise de Ferrières. — Nous avons cru lire la date 975[?] sur une pierre en forme de croix de Saint-André, qui a excité pendant longtemps la curiosité des passants, laquelle était encastrée, encore au commencement de cette année (1896), dans un mur de clôture de là cour de l'ancien presbytère. Ce serait d'après nos suppositions la date de la construction de l'église de Ferrières, dont la façade ouest fut démolie par les *Camisards* (6 mars 1703).

Inhumations dans l'église de Ferrières. — Du 22 décembre 1650 au 16 avril 1775, nous avons relevé les noms de 24 personnes inhumées dans l'église de Ferrières, savoir :

Jean Maurisse, prieur, âgé de 80 ans, inhumé le 22 décembre 1650. — Catherine Coulette, épouse Hercule Granier, âgée de 34 ans, inhumée le 13 octobre 1677. — Claude Granier, baille, âgé de 55 ans, inhumé le 22 janvier 1680. — Marguerite Granier, veuve François de Girard, âgée de 66 ans, inhumée 12 juin 1721. — Marguerite de la Roque, de Saint-Bauzille-de-Putois, âgée de 2 ans, décédée à Baumes, inhumée le 24 août 1736. — Elisabeth Bouvier, épouse Jean Granier, âgée de 41 ans,

inhumée le 21 janvier 1748. — Marie-Anne de la
Roque, de la Congrégation de l'Enfant Jésus, âgée
de 33 ans, inhumée le 4 mars 1743. — D^{lle} Marie
Granier, âgée de 20 ans, inhumée le 28 janvier
1747. — Anne Dusfour, épouse Jean Viala, âgée de
28 ans, inhumée le 8 novembre 1746. — Claude de
Girard, âgé de 77 ans, inhumé le 27 août 1748. —
Claude de Girard, âgé de 10 ans, inhumé le 8 août
1754. — Jean Reboul, âgé de 75 ans, inhumé le
8 mars 1756. — Jean Granier, âgé de 40 ans, inhumé le 22 novembre 1757. — Marguerite Granier,
épouse Antoine Viala, âgée de 77 ans, inhumée le 31
juillet 1758. — Jean-Benoit Granier, âgé de 4 ans,
inhumé le 30 janvier 1759. — Marguerite Claparède, épouse Louis de Girard, âgée de 40 ans, inhumée le 16 juillet 1763. — Elisabeth d'Olivet,
épouse Jean Granier, âgée de 65 ans, inhumée le 13
mars 1764. — Marie Ricome, épouse Claude de
Girard, âgée de 80 ans, inhumée le 2 septembre
1765. — Jean Granier, âgé de 80 ans, inhumé le
22 décembre 1767. — Laurent Unal, prieur, âgé de
61 ans, inhumé le 14 septembre 1768. — Jacques
Lacroix de la Roque, de Baumes, âgé de 84 ans,
inhumé le 4 avril 1772. — Jérome de la Roque, de
Baumes, âgé de 16 ans, inhumé le 5 octobre 1774.
— Jacquette-Elisabeth Lestrade de la Roque, âgée
de 40 ans, inhumée le 11 novembre 1774. — Claude
Casimir de Girard, âgé de 6 jours, inhumé le 16
avril 1775.

Température. — La température est plus froide et plus variable à Ferrières que dans les villages environnants(Pompignan, Saint-Bauzille-de-Putois, Notre-Dame-de-Londres), dont l'altitude est beaucoup moins élevée. Les brouillards y sont rares. Le vent y souffle souvent avec force. L'air y est vif, mais sain. La salubrité de Ferrières confirme ce que dit Hippocrate, que « la position la plus favorable est celle qui est battue de tous les vents. »

Valeur du travail (1). — 1661, un *couturier* (tailleur), qui allait travailler dans les familles, gagnait 5 ou 6 sols par jour ; un chevrier, 13 livres et « une chemise » par an ; une *chambrière* (servante), 20 livres ; un berger, de 25 à 30 livres. (Tous ces ouvriers ou domestiques étaient nourris dans la maison.)

1663, un maçon gagnait 10 sols le jour et un simple manœuvre, 5 sols ; un domestique, 17 écus blancs ; une femme pour arracher des herbes, 2 sols le jour.

1666, un cordonnier confectionnait une paire de souliers pour le prix de 1 livre 10 sols à 2 livres 10 sols, suivant qualité.

(1) Tous les renseignements que nous donnons ci-dessous, concernant la valeur du travail, les prix du bétail et des denrées, sont des plus exacts ; nous les devons à la famille Viala, qui nous a communiqué, avec une obligeance parfaite, tous les anciens livres de compte de ses ancêtres, tenus au jour le jour avec un soin méticuleux.

1667, un charbonnier gagnait 8 livres 10 sols par mois.

1706, « un voyage avec deux mulles pour apporter du verre ou flasquettes du Villaret à Montpellier », se paie 4 livres.

1723, un voyage de Baumes à Montpellier pour porter du verre, se paie 6 livres 9 sols.

1726, une journée de maçon se paie 15 sols.

1753, gages d'un chevrier, 30 livres ; d'un domestique, 53 livres ; d'une servante, 42 livres.

1754, gages d'une servante, 72 livres ; d'un domestique, 84 livres ; d'un berger, 72 livres.

1786, une journée pour la moisson se paie 20 sols ; pour travailler à l'aire, 13 sols ; pour faire des buis, 10 sols ; pour tailler la vigne, 15 sols.

1789, un maçon gagnait 25 sols à la journée ; un menuisier, 25 sols également.

Prix du bétail. — *Mules.* — « 1693 et le 15 mars, ay achepté audict Soumière, une mulle âgée de trois ans, pour la somme de cent trente-huit livres, toute neuve, poil ras.

» Le même jour, jay vendeu deux meulles à Soumière, estant foire ; l'une 195 livres, âgée de 6 à 7 ans ; l'autre, 87 livres, âgée de 15 ans. »

« 1695, le 27 mars, ay achepté une meulle, âgée de trois ans, à Soumière, qui m'a coutée la somme de cent cinquante livres. »

« 1722 et le 28 mars, ay achepté une meulle, poil noir, à Soumière, au prix de 255 livres. »

Bœufs. — « 1693 et le 9 septembre, ay achepté un parail de beuf, agé de trois ans, poil rouge et ont coutté la somme de 118 livres 10 sols. »

« 1694 et le 9 septembre, moy, Louis Viala, ay achepté un parail de beuf, poil noir, à la ville du Vigan, jour de foire, de l'âge de trois ans chacun, au prix de 72 livres d'achept. »

« 1695 et le 9 septembre, jay achepté au Vigan un parail de beuf, au prix de 90 livres et une meulle au prix de 138 livres. »

« 1710, et le 7 septembre, avons achepté à Sauve, jour de foire, un père (paire) de beuf, poil rouge, agé de 6 ans, qui ont couté 115 livres 10 sols et 17 sols de vinage. »

Bêtes à laine. — « 1689, vendeu à Sommière, le 22 octobre, 60 béligas ou béligasses a 2 livres 2 sols et 10 doublengs a 7 livres piesse.

« Vendeu à Ganges, le 11 novembre, 10 fèdes (brebis) : 3 a 3 livres 8 sols la piesse et 5 a 3 livres 8 sols la piesse ; 2 fèdes (brebis), a 2 livres 5 sols ; plus 4 moutons a 7 livres la piesse. »

« 1727, jay vendeu a la première foire de Sommière, 65 béligasses au prix de 3 livres 15 sols. »

« 1774, vendeu 15 moutons à 9 livres 5 sols chacun ; 6 brebis a 7 livres 2 sols ; 45 doublens a 9 livres pièce ; 28 béligas (mouton de 1 à 2 ans) a 4 livres 5 sols pièce ; 20 brebis a 5 livres. »

1791, les moutons d'engrais se vendent 12 livres pièce ; les béligas, 6 livres (1).

Chèvres. — 1691, vendu 10 chêvres à 3 livres 6 sols pièce ; en 1700, les chevreaux se vendent 1 livre 15 sols ; en 1753, 1 livre 11 sols.

Porcs gras. — Prix en 1684, 8 livres le quintal ; en 1726, 9 livres.

Prix des denrées. — *Laine*. — Dans la deuxième moitié du XVIIe siècle, la laine se vendait 1 livre 5 sols à 1 livre 12 sols par toison ; en 1725, 1 livre 13 sols ; en 1753, 2 livres 2 sols ; en 1774, 2 livres 9 sols.

Touselle. — La touselle valait, en 1662, 4 livres 10 sols le setier ; en 1723, 2 livres la carte ; en 1789, 16 livres le setier ; en 1812, 19 livres le setier.

Avoine. — Prix : en 1702, 10 sols la carte ; en 1723, 1 livre 1 sol ; en 1786, 1 livre 4 sols.

---

(1) Nous donnons pour ce qu'il vaut le remède suivant, concernant la *clavelée*, que nous avons trouvé dans les papiers de la famille Viala, sous la date du 12 février 1774 :

« Il faut faire prendre une fois la semmaine, pour chaque cinquante bettes du troupeau qui est attaqué de ce mal, deux livres de lentilles a demy cuites ; on y joindra la dose ordinaire de scel, le tout mêlé ensemble ; on répètera cela pendant trois semmaines. Ce remède facilite l'erruption et a très bien réussy depuis un fort longtemps a toutes les personnes du cotté de Somières qui l'ont employé. »

Orge. — Prix : en 1689, 4 livres le setier ; en 1723, 1 livre 1 sol la carte

Seigle. — Prix : en 1694, 1 livre 5 sols la carte ; en 1699, 4 livres le setier.

Paumelle. — Le prix de la paumelle en 1694 était de 1 livre 2 sols 6 deniers la carte ; en 1789, 11 livres la carte.

Ecorsse. — 1695 et le 27 mai, « la *rusque* du bois de Lamouroux a été vendue pour la somme de 205 livres à Jean Gros, de Pompignan, qui fait vente à Mathieu Fabre, maître tanneur de la ville de Ganges, au prix de 1 livre 18 sols le quintal. »

Fromages. — 1767, une douzaine de fromages valait 20 sols.

LA FAMILLE GRANIER

ET SES DIVERSES BRANCHES

Nous avons dit que les divers rameaux ou branches de la famille Granier, connue à Ferrières depuis Barthélemy Granier, vivant en 1404, descendaient de cet auteur commun. Cette descendance se divisa en deux branches connues, l'une sous le nom de Granier, de Pompignan et du Crès, l'autre sous le nom de Granier, de Ferrières et de Saint-Bauzille-de-Putois.

En 1759, Marguerite Granier, de Saint-Bauzille-de Putois, épousa Jean-François Granier, de Pompignan, et ce mariage ne put avoir lieu qu'après avoir obtenu une dispense en raison de la parenté qui existait entre les deux fiancés ; nous croyons devoir la rapporter ici :

« 29 décembre 1759. Dispense du 4° degré de consanguinité, accordée par Monseigneur Renaud de Villeneufve, évêque de Montpellier, à Marguerite Granier du lieu de Saint-Bauzille-de-Putois, pour contracter mariage avec Jean-François Granier, du lieu de Pompignan, diocèse d'Alais (1). »

LES MARQUIS DE ROQUEFEUIL

La maison de Roquefeuil est une des plus anciennes de la province du Bas-Languedoc, mais son établissement dans la région du Causse, où elle a occupé la première situation du pays, ne remonte pas au-delà du XVI° siècle. Elle y fut attirée en 1534 par le mariage de Jean de Roquefeuil, seigneur de Grémian, de la Tour et de Cournonsec avec Anne

(1) Archives de l'Hérault. *Officialité.* Registre des dispenses de parenté et d'affinité. Vol. 15, f° 137-138.

de Vergnole, fille et héritière de Jean de Vergnole,
seigneur et baron de la Roquette, Londres, le château de Londres et Saint-Etienne de Viols (aujour-
d'hui Viols-le-Fort). La baronnie de la Roquette
fut érigée en marquisat sous le nom de la Roquette
au mois d'août 1658, en faveur de Henri de Roquefeuil, baron de Brissac et de la Liquisse, arrière-
petit-fils de Jean de Roquefeuil et d'Anne de Vergnole.

Henri de Roquefeuil épousa le 3 juin 1653, Grassinde de Griffi et en eut six enfants mâles qui n'eurent pas de postérité, et une fille Grassinde de
Roquefeuil, mariée le 20 juillet 1693 à Joseph de
Pavée de Villevieille, baron de Montredon, dont
le fils hérita du marquisat de la Roquette. Après
l'extinction de cette branche, celle des seigneurs
puis vicomtes de Gabriac, prit le titre de marquis
de Roquefeuil, et ses descendants l'ont porté jusqu'à nos jours, où le dernier du nom, Elie marquis
de Roquefeuil, s'est éteint sans enfants le 23 mars
1892, ne laissant qu'une sœur Isabeau de Roquefeuil, comtesse de Louvencourt (1).

Le château de la Roquette, vulgairement appelé
de Bibioures, situé dans la commune de Saint-
Martin-de-Londres, derrière le pic de Saint-Loup,
n'est aujourd'hui qu'une magnifique et très pittoresque ruine perchée à une hauteur de 225 mètres.

(1) V. *Armorial de la noblesse de Languedoc*, t. 1. p. 441-443.

JÈAN DE LA ROQUE

CAPITAINE DANS L'ARMÉE DU DUC DE ROHAN

Montpellier, le 15 mars 1896.

MON CHER MONSIEUR PÉZIÈRES,

Je vous remercie de m'avoir communiqué le résultat de vos recherches pleines d'intérêt extraites des archives de la commune de Ferrières, et notamment le texte des abjurations du protestantisme, qui furent faites en 1685 par plusieurs membres de ma famille.

Ces divers documents me permettent de rectifier une erreur commise dans la filiation de la branche des seigneurs de Couloubrines, donnée par l'*Armorial de la noblesse de Languedoc* en 1860, d'après un Tableau généalogique dressé en 1780, qui m'avait été communiqué par un descendant des la Roque de Baumes, issu comme moi de Jean de la Roque, seigneur de Couloubrines et du Villaret, vivant en 1620. Nous avions vécu l'un et l'autre dans cette illusion, qu'aucun des nôtres n'avait partagé les erreurs religieuses trop répandues de leur temps parmi les familles nobles des Cévennes. Or ce Jean de la Roque était capitàine dans l'armée du duc de Rohan. Il commandait la place de Gallargues qui capitula le 11 octobre 1628, faute d'avoir été secourue par Rohan, malgré sa promesse d'aller protéger la sortie des assiégés au pied de leurs murailles ;

ayant été deux jours sans manger, la faim les obligea de se rendre au duc de Montmorency, chef de
l'armée catholique, qui commandait le siège (1).

Le duc de Rohan ayant refusé de faire l'échange
des prisonniers avec ceux de l'armée catholique qui
avaient capitulé à Aimargues le 30 septembre, et
qui étaient entre ses mains, il fut décidé que les
officiers et commandants seraient pendus et les
soldats envoyés aux galères comme rebelles.

« En conséquence du jugement donné par M. de
Nesmond, intendant de justice et des officiers du
siège présidial de Montpellier, cette exécution fut
faite sous le consulat de M. de Greffeuille le 3
novembre 1628, à l'aire de la Saunerie où l'on avait
préparé pour cet effet de gros soliveaux soutenus
par des pieds-droits qui tenaient toute la largeur
de cette aire.

»C'était une chose fort pitoyable et fort touchante
de voir aller ces pauvres malheureux au supplice, at-
tachés deux à deux, au nombre de soixante-cinq chantant tout haut le psaume cinquante-neuviesme (2) ;
mais ce qui touchait le plus sensiblement le cœur

---

(1) V. *La prinse du Grand Gallargues par M. de Montmorency*, petit in-12 de 16 pages. S. l. n. d. récit du temps. (Bibl.
de la ville de Montpellier).

(2) « O Dieu, vous nous avez rejetés et vous nous avez dé-
truits ; vous nous avez fait sentir les effets de votre colère,
maintenant revenez à nous.

... Secourez-nous dans notre affliction, car c'est en vain que
nous attendrions notre salut de la part des hommes. » *(Ps. 59.)*

des assistants, ce fut de voir encore le fils de M. de la Roque, gentilhomme des Sevennes, qui n'avait que quatorze ou quinze ans, qui ne mourut point, mais qu'on fit assister au supplice de son père (1). »

Jean de la Roque eut deux fils : François et Isaac. Le premier mort en 1662 fut l'auteur de la branche de Baumes et ses enfants abjurèrent le protestantisme avec leur oncle Isaac en 1685 et son fils. Isaac mourut en 1687 à l'âge de 72 ans laissant un fils Jean, marié en 1712 avec Marie-Anne de Girard, qui fut seigneur de Couloubrines, et une fille, Suzanne.

C'est donc par erreur que Jean, fils d'Isaac, et petit-fils d'autre Jean a été donné par l'auteur du Tableau généalogique de 1780, comme descendant de Guillaume et de Pierre, ses cousin-germain et issu de germain, sans doute pour effacer le souvenir de la fin malheureuse de l'aïeul capitaine de l'armée de Rohan.

Je vous remercie de m'avoir signalé cette confusion en me donnant l'occasion de la rectifier, tout en reconnaissant, avec les descendants de tant de victimes de nos troubles civils ou religieux, que le crime seul fait la honte et non pas l'échafaud.

Jean de la Roque paya de sa vie l'erreur qu'il avait partagée avec beaucoup d'hommes de son

---

(1) V. *Mémoires de ce qui s'est passé de plus remarquable dans Montpellier de 1622 à 1691*, par André Delort, p. 24, et *l'Histoire de Montpellier* par d'Aigrefeuille, t. 1. p. 393.

temps. En devenant ainsi martyr de sa foi il obtint miséricorde au tribunal de Dieu qui accorda la grâce à ses enfants de revenir à l'antique foi de leurs devanciers.

J'ai de fortes raisons pour croire que l'auteur du Tableau généalogique de 1780, rappelé ci-dessus, fut aussi l'auteur ou l'inspirateur du Mémoire généalogique imprimé à la même époque, et je partage le sentiment exprimé par vous que la légende qu'il donne sur l'origine de notre famille ne repose sur aucune preuve et ne s'appuie sur aucune vraisemblance.

Agréez, mon cher Monsieur Pézières, l'expression de mes meilleurs sentiments.

L. DE LA ROQUE.

TABLE DES MATIÈRES

CHAPITRE III

Communauté

CHAPITRE IV

Justice

CHAPITRE V

Instruction primaire

CHAPITRE VI

Culte

Additions et pièces justificatives

ERRATA

Page 80. — Lire *Gauzy* au lieu de Gouzi.

Page 92. — Dans l'épigraphe du chap. VIII, remplacer deuil par *seuil*.

Page 112. — Lire *devis* au lieu de devès.

Page 128, ligne 5. — Lire André *Garonne* et Jean Granier.

Nimes. — Imp. Régionale, J. Michel-Artaud, direct.